人生に必要な老後資金の常識

JN114821

ぽんちよ

マイナビ新書

はじめに

皆さん、投資系YouTuber「ぽんちよ」と申します。会社員時代に「投資をして5100万円の資産を作ったら、会社を辞めてFIRE生活（経済的自立生活）を送ろう」と一念発起をして、投資をスタート。今は実際にその夢を実現して、FIRE生活を送っております。

投資を始めた当初から、自分自身の夢を実現するためにも、その過程を多くの人に知ってもらおうと、その時々で私が考えていること、実践していることなどをYouTubeやブログで発信してきました。無我夢中で投資と発信に邁進しているうちに、30万人以上の方に登録していただき、そこからの副収入を得るようになり、それも投資の大きな原資となりました。

大学院を卒業して、不満ながらも続けていた会社員としての収入、YouTubeを始めとする副業での収入、日頃の生活費の節約の3本柱を愚直に実践して、投資資金を作り、地道に投資を続けているうちに、目標の投資資産は4年で達成。40代には……と思っていた夢を20代で実現してしまいました。

今は日々投資を続け、YouTubeを中心とした情報発信を行うかたわら、いろいろな新事業に挑戦したいと、勉強を続ける日々です。

そんな投資家の私がなぜ「老後資金についてお話をするのか？」と、不思議に思われる読者の方もいらっしゃるでしょう。私も出版社の方からお話をいただいたときには、少し不思議に思いました。

ただ、今の私は「**①働いて得たお金を投資に回す**」「**②まとまった資金にはなるべく手をつけず、毎日の生活費を節約する**」「**③作った資産を上手に保持しながら、配当金などの不労所得を得る**」という3つのテクニックを駆使して生きています。

そのノウハウは、**資金を貯めて、それを守りながら使っていく老後生活を送りたい方々に参考になることがたくさんある**はずです。その一端をお伝えできればというのがこの本の一番の趣旨になります。

詳しくは本書の中で説明しますが、老後に必要なお金を人生の最期まで稼ぎ続けることや節約して使わずにいることは難しいものです。**必要になる資金を元気なうちに貯めておく、投資などにより不労所得を手に入れておく**ことが必要になってきます。そのためにＦＩＲＥを達成した私の経験がお役に立つのではないかと考えています。

今回、この本を執筆するにあたっては、**「50代から老後資金作りを始めても大丈夫」**というコンセプトでお話をしています。私自身が、年収４５０万円、その後転職してからは３００万円という給料の中から、投資資金を捻出して、ＦＩＲＥ資金５０００万円超を４年で作り上げました。

そこには、この本で何度も出てくる**「入金力」、つまり投資に回すお金をどんどん増やす**という、ある意味当たり前のノウハウがありました。また、投資先に関しても、奇をてらわず、米国株を中心とした全世界への投資を黙々と続けました。これについては、**本の半分以上を割いて、どんな投資スタイルがよいのか、どんな投資信託を利用するといいのかなど、伝授したい**と思います。

ただし、投資をして資産が増えても、お金は使おうと思うとあっという間になくなってしまうものです。ですから、生活を大きくせず、「節約」精神を常に持ち続けることも大切です。お金をかけなくても、楽しく暮らす方法はいくらでもありますし、お金を使わない節約ではなく、節税やポイ活など賢く節約をする方法もたくさんありますので、ぜひ参考にしてください。

そして、会社員を辞めても、副業というスタイルで、月3万円でも5万円でも、収入があり続けることは心強いものです。私の場合は、YouTubeなどがそれにあたりますが、副収入源は人それぞれ、いろいろな形があると思います。

FIRE& YouTuberが伝授する老後資金の作り方。ぜひ参考にしてください。

2023年2月　ぽんちよ

人生に必要な老後資金の常識

目次

第1章　老後資金を貯めるための「入金力」をつける

第2章　50代から「100－年齢」の投資割合で運用

第3章　プロに学ぶ「株式50％、債券50％」がオススメの理由

第4章　投資の基本は積立！　2大非課税制度を利用しよう

第5章　入金力をアップする節約&副業テクニック

第6章　人生を暗くするNGなお金の増やし方や生活の工夫

第1章

老後資金を貯めるための「入金力」をつける

老後資金の問題はすぐそこまで迫っている！

「老後の資金」と聞くと、不安は少なからずあるものの、まだ先の話と考えている人も多いのではないでしょうか。ただ、後回しにすればするほどやっかいな問題で、特に50代以上の人にとっては、今すぐ対策すべき金銭問題の1つです。

老後の資金をどう準備するかは、年代によって大きく異なります。同じ50代でも、子どもが中高生で、教育資金をどう捻出するかで頭がいっぱいの人もいれば、40代後半ですでに子どもが自立し、老後の資金形成にお金を回せる余裕が生まれている人もいるように、ライフステージによっても立場は変わってくるでしょう。

いずれにしても**50代にとって老後問題はもうすぐそこにまできています**。子育てに必要な資金については、いつまでいくら必要か、先は見えていることでしょう。ただ20代、30代と違って、病気やリストラなどのリスクもより現実的に考えなければならなくなります。老後資金をどのように蓄えていくかキッチリ戦

老後資金問題

老後が不安
2000万円問題
子どもも巣立ったし…
実際に何をやればいいのか…
老後資金は50代までに対策を考えておく！

略を練らなければならない世代であることは確かです。

「老後２０００万円問題を解決したい」「安心して老後を暮らしたい」という人のために、まずは、老後の資金を考えるにあたって知っておきたいこと、さらには老後の日常生活ではどのくらいの収入が見込め、支出があるのかを確認していきます。

50代以降は、何よりも「入金力」のアップを目指す

安心して老後の生活を楽しむため、50代から考えておきたいのが、**「入金力」**についてです。「いったいどういう意味だろう」と思った人もいると思うので、まずは「入金力」の意味について解説します。

入金力とは、いってみれば**「貯蓄力」**のことです。**収入から生活資金を差し引いて、自由にできるお金がどのくらいあるかを意味するもの**です。特に**貯蓄に回すお金の中でも老後の資金として蓄える分のお金を指す**と考えてください。今まではマイホームや教育など、ご家族のために資金を増やし、使ってきたと思います。でも50代以降は、それを老後のための資金として、できるだけ長く蓄え続けられるよう「入金力」を高めることが重要になります。

たとえば50歳で月5万円の入金力があるのなら、51歳で6万円、52歳で7万円と入金力を少しずつ高めていけると理想的です。

入金力を持つ重要性は、60代、70代、80代以降も同じです。長寿の時代を生きるためには、1年でも長く入金力をつけ、つけた入金力を1年でも長くキープし続けることがポイントになるといえるでしょう。

老後生活の主な収入源となるのは年金

入金力をつけることの大切さを解説しましたが、次に老後がどんな生活になるのかを見ていきます。

多くの人は、65歳まで会社で働き、そして退職します。今まででであれば、その後の生活費は、年金からまかなおうと考えている人が多かったでしょう。そもそも年金制度とは、65歳から生きている限りずっとお金をもらうことができるありがたい制度です。これは「**公的年金**」と呼ばれています。

年金には他にも種類があり、たとえば病気やケガが原因で障害を負ってしまったときにもらえる「**障害年金**」や、本人が死亡したときに家族の生活をサポートするために支払われる「**遺族年金**」などもあります。

公的年金は、いずれの人も加入する「**国民年金**」と、会社員、公務員等のみが加入する「**厚生年金**」の２つから成り立っています。また、年齢や職業によって被保険者（年金を受け取る本人）は３タイプに分類されます。どんな風に分類されているか押さえておきましょう。

第1号被保険者は、日本国内に在住する20〜60歳未満の人で、自営業や学生、農業、漁業従事者やフリーターなどがあてはまります。毎月の保険料は１万６５９０円（令和４年度の場合）で、老後に受け取れる年金は、国民年金のみです。満額は年77万７８００円で、保険料を全期間払った場合は、老後に毎月約６・５万円受給できます。

第2号被保険者とは、厚生年金に加入している人で、主に会社員や公務員、さらには一部長時間働くパートの人も含まれます。70歳まで加入が可能で、保険料は月給によって異なります。また、厚生年金加入者というと、厚生年金にのみ加入していると勘違いする人がいますが、実際は国民年金と厚生年金の両方に加入しており、老後は両方から年金を受け取ることができます。満額も年収により異なります。

最後に、第2号被保険者に扶養されている配偶者は、**第3号被保険者**に分類されます。専業主婦（主夫）や一定収入以内のパートが該当し、年齢は20歳以上60歳未満で、保険料は、第2号被保険者の保険料に含まれる形で「ナシ」となっています。受け取れる年金は、国民年金のみで満額は年77万7800円です。

自分が老後にどのくらいの年金を受け取れるかは、年に1回届く「**ねんきん定期便**」で確認できます。

「ねんきん定期便」でわかること

年に1回届くねんきん定期便は、50歳未満と50歳以上で様式が異なります。50歳以上の場合は、今までの納付状況や60歳まで保険料を納め続けた場合の受給額の試算が記されているため、定年後に受け取る額に近い金額がわかります。誤って「ねんきん定期便」のハガキを紛失、廃棄してしまった場合でも「ねんきんネット」にアクセスすれば閲覧できます。

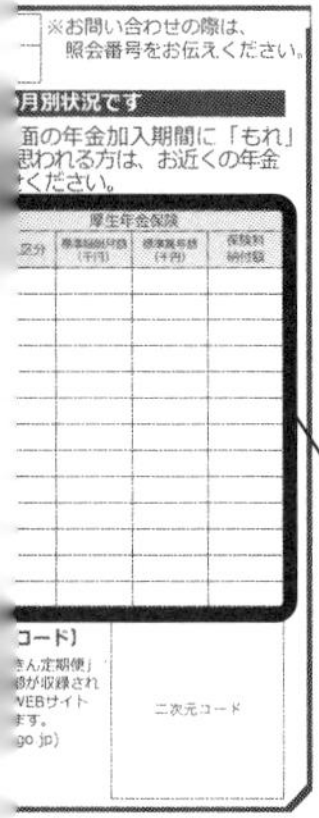

最近の月別状況
国民年金と厚生年金の納付状況などが掲載されている

老齢年金の見込み額（75歳まで遅らせた場合）
受給開始を65歳から75歳まで遅らせた場合の金額

受給資格期間
年金を受給する資格があるかどうかを判断する基準となる期間。 保険料納付済期間と免除期間、合算対象期間の合計が10年（120カ月）以上必要

老齢年金（老齢基礎年金・老齢厚生年金）
65歳からの予想年金額が記載されている。「何歳から」「どの種類の年金がいくら」受け取れるかここで確認できる

アクセスキー
「ねんきんネット」にアクセスするための17桁の番号

出典：日本年金機構「ねんきん定期便」より
(https://www.nenkin.go.jp/service/nenkinkiroku/torikumi/teikibin/teikibin.files/02.pdf)

照会番号
「ねんきん定期便」「ねんきんネット専用番号」を照会する際に必要な12桁の番号

表

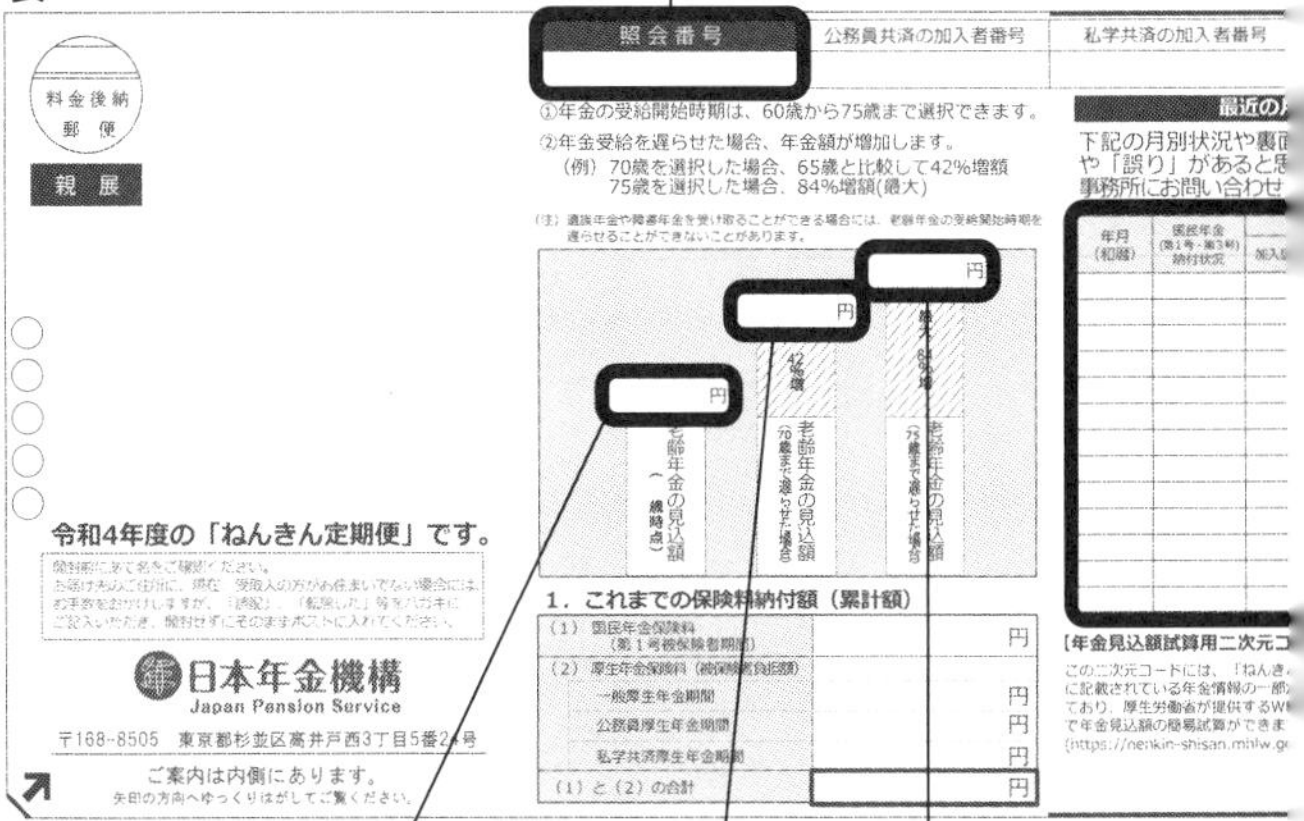

老齢年金の見込み額
65歳から受け取れる年金見込み額

老齢年金の見込み額（70歳まで遅らせた場合）
受給開始を65歳から70歳まで遅らせた場合の金額

裏

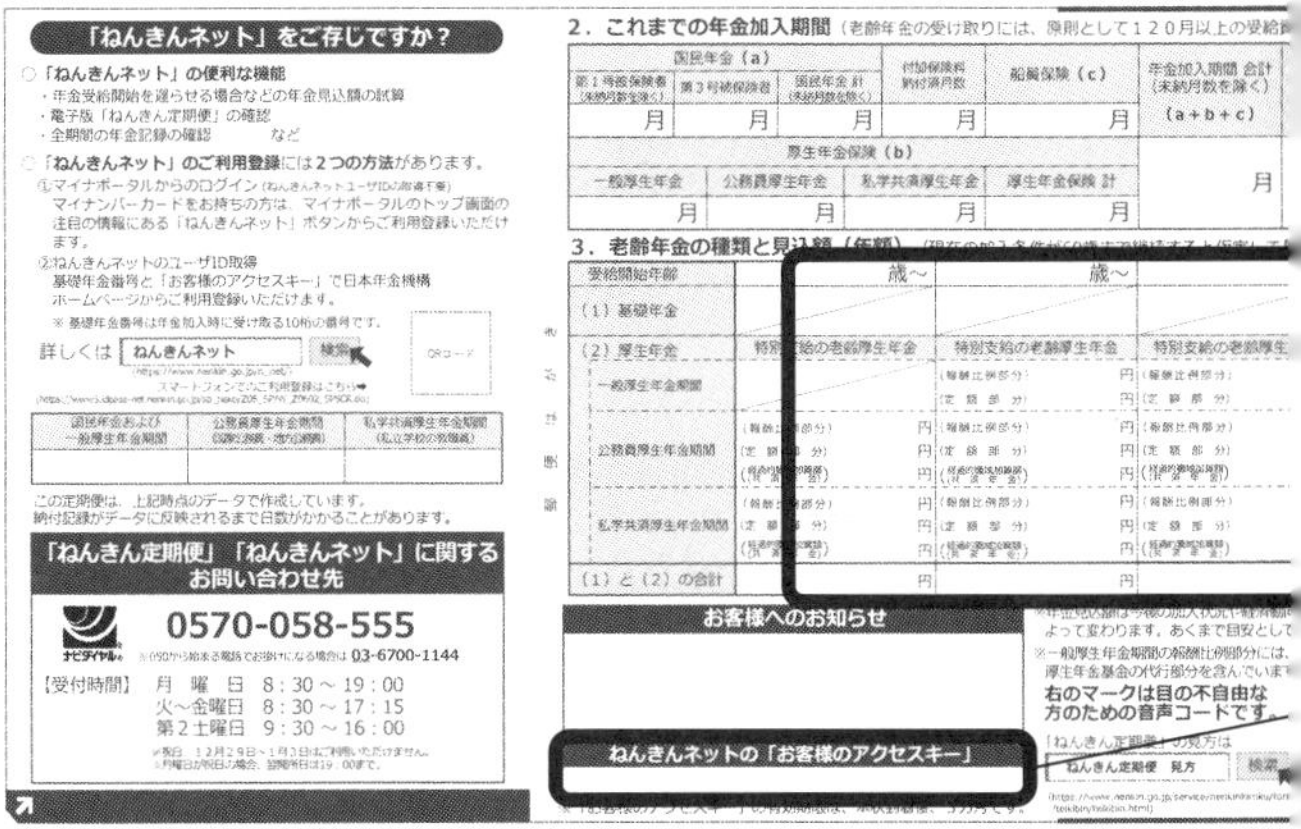

意外と知らない！　老後の日常生活でかかるお金

「死ぬまでもらい続けられる」というとてもありがたい公的年金ですが、果たしてこれだけで65歳から90歳前後まで生活できるのでしょうか。

実際に退職した年金で生活する世帯では、1カ月間、どのくらいお金がかかるのかを見ていきましょう。コロナ禍前のデータである総務省統計局「家計調査報告（家計収支編）2019年（令和元年）」によると、夫65歳以上、妻60歳以上の年金以外に収入のない世帯で、夫婦の生活にかかるお金は、収入23万7659円（公的年金21万6910円＋その他収入2万749円）に対して、支出は27万929円。すなわち、毎月約3万円の赤字ということがわかります。

65歳で仕事を辞め、90歳まで生きると考えると、毎月約3万円×12カ月分、1年で36万円の赤字に。それが**25年続くとなると、トータルで900万円の老後資金が足りない**ことがわかります。

ただ、同年代の夫婦が皆このような状況かというとそうともいえません。たとえば65歳までは普通に会社に勤務し、定年退職後はスキルを活かして自営をする、不動産を所有していてそこからの収入が見込める、といった場合は支出よりも収入が上回る可能性もあります。

また、夫婦ともに倹約家だったり、借入金などがない場合は上記よりも支出を減らすことができるため、老後も問題なく家計を回すことができるでしょう。その逆もいえます。公的年金が上記ほどもらえないことがわかっている、住宅ローンの返済が退職するまでに終わらないといった場合は、不足額がより嵩《かさ》むケースも否めません。

いずれにしても食べ物にはこだわりたい、唯一の趣味は続けたいなど、自分たちの**生活スタイルから老後の支出がどのくらいになるか、それに対して収入はどのくらいをキープできるかを、今から老後のシミュレーションをしておくといいでしょう**（次ページ参照）。

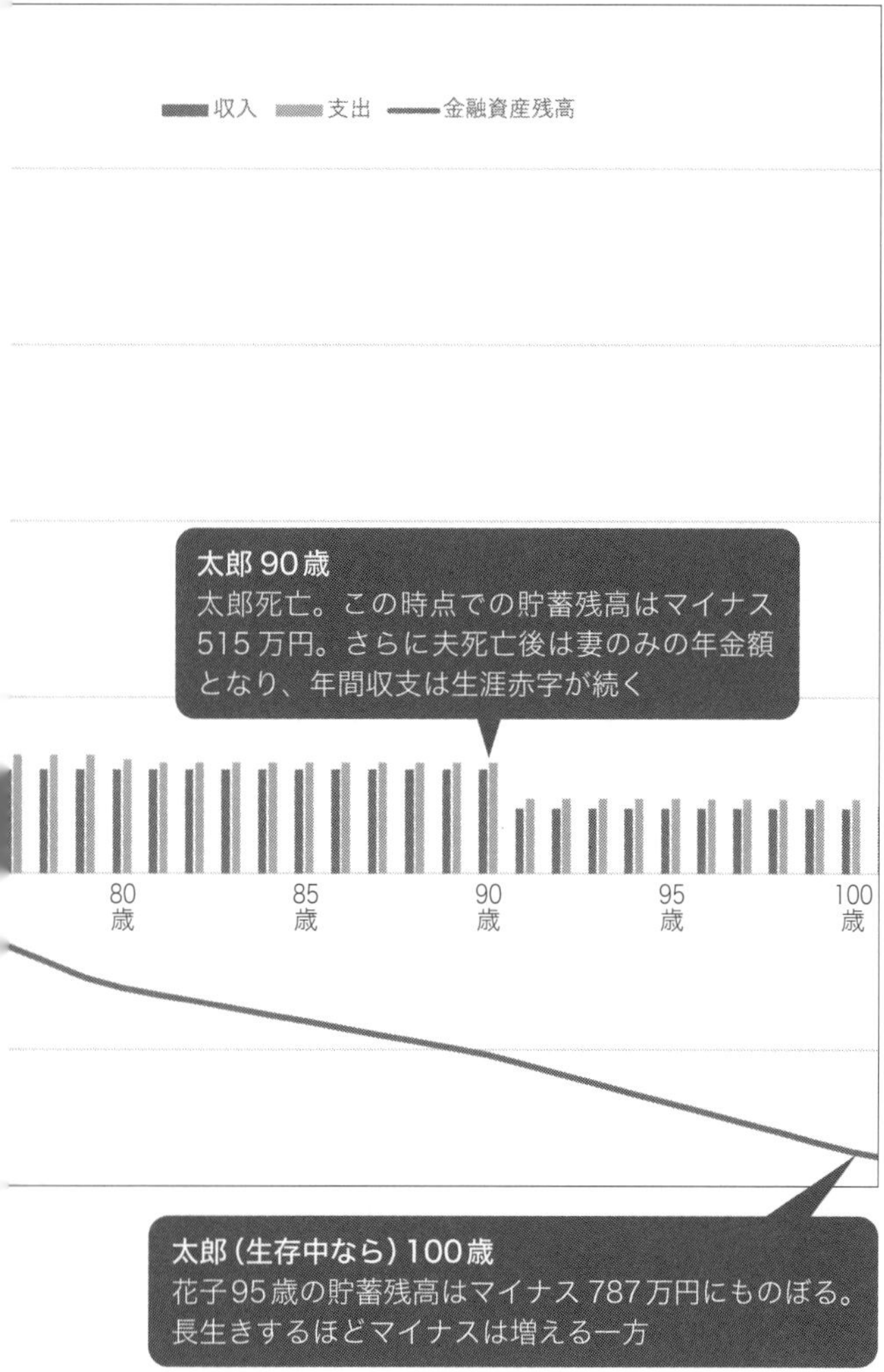
収入 支出 金融資産残高
太郎 90歳
太郎死亡。この時点での貯蓄残高はマイナス515万円。さらに夫死亡後は妻のみの年金額となり、年間収支は生涯赤字が続く
80歳
85歳
90歳
95歳
100歳
太郎（生存中なら）100歳
花子95歳の貯蓄残高はマイナス787万円にものぼる。長生きするほどマイナスは増える一方

各年齢時の収支がわかる！
老後の生活　収支シミュレーション

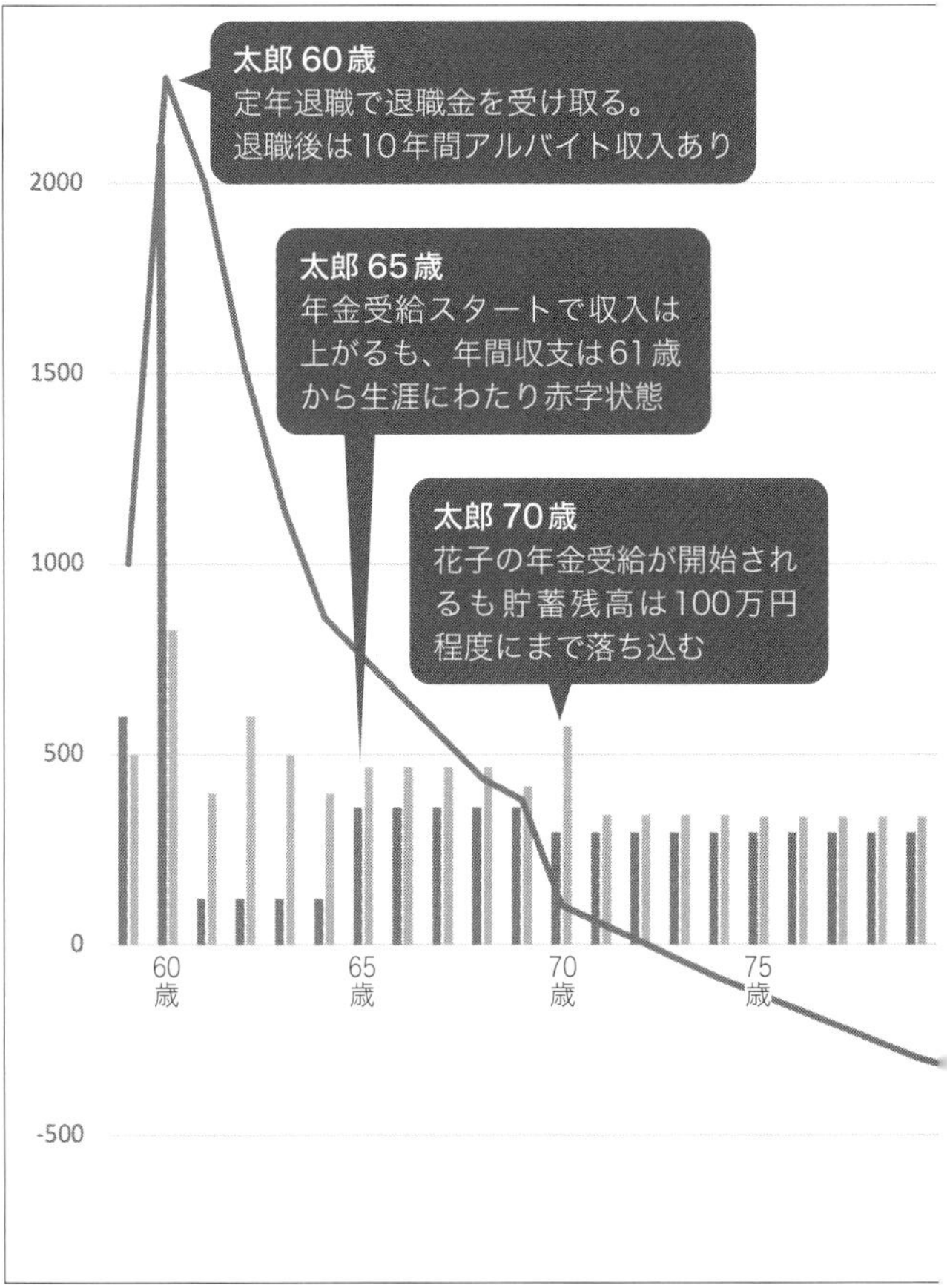

太郎 60歳
定年退職で退職金を受け取る。
退職後は10年間アルバイト収入あり
太郎 65歳
年金受給スタートで収入は
上がるも、年間収支は61歳
から生涯にわたり赤字状態
太郎 70歳
花子の年金受給が開始され
るも貯蓄残高は100万円
程度にまで落ち込む
2000
1500
1000
500
0
-500
60
歳
65
歳
70
歳
75
歳

金融庁のホームページには、今の年齢と職業などいくつかの質問を入力するだけで各年齢での資産をシミュレーションできる機能があります。
※グラフの年齢や名前はイメージです。
出典:金融庁NISA特別ウェブサイト「ライフプランシミュレーション」より（https://www.fsa.go.jp/policy/nisa2/lifeplan_sim/index.html）

既婚か未婚、そして子どもが生まれた年齢も関係する

老後にいくらぐらいの生活費が必要なのかがわかり、収入に対して不足することが明らかなのであれば、不足分を退職前に蓄えておくという方法があります。ただし、ここでかかわってくるのが**「結婚しているかいないか」**と**「子どもがいるかいないか」**ということです。

たとえば、同じ50代で運用をしようとすると、年齢的なリスクは同じだったとしても、ほぼ収入を自由にできる独身の人と、扶養家族のいる既婚者では、入金力に差が出ます。また既婚でも子どもがいる、いないによって大きく違います。さらには、子どもが生まれたときの自身の年齢によっても入金力にかなり差が出てくるでしょう。

厚生労働省が、2021年に行った人口に関する調査によると、特に今は平均の初婚年齢が男性31・0歳、女性が29・5歳。第一子出産時の母親の年齢が30・

9歳と、よりいっそう晩婚、高齢出産傾向が強くなっています。これに対し、単身の場合は、一般的に自由にできるお金が多いので、より貯めやすい状況といえます。

とはいえもちろん、決して晩婚や高齢出産がダメで、できるだけ早めに結婚して子どもを産む方がいいと言っているわけではありません。**今は同じ年代でも状況や置かれている立場がさまざま**だということを理解していただきたいのです。もともと自由になるお金が比較的多い単身者、早くに結婚、子どもを授かり40代後半で子どもがほぼ自立している人は、定年までの約20年で老後に不足しそうな額を蓄えることができるでしょう。

一方で遅くに結婚した、高齢で子どもが生まれた人の場合、40代、50代ないしは60代に入ってから大きな支出をともなうイベントが控えています。どんなイベントがあるかを確認しておきましょう。

マイホームは賃貸と購入、それぞれの特徴を比較して検討を

結婚したタイミングや、子どもが生まれるタイミングで検討されるマイホーム。そこで熟慮しなければならないのが、賃貸に住み続けるか、住宅を購入するかという選択です。地域にもよりますが、毎月の家賃と住宅を購入した場合の毎月の返済額に大きな差がない場合、住宅購入に踏み切るファミリーもいるはずです。

ちなみに2021年に行われた住宅金融支援機構の「フラット35利用者調査」によると、住宅を購入した場合、新築の注文住宅なら4455・5万円（全国平均）、首都圏で注文住宅や新築マンションの購入を考えるなら4913・4万～5132・6万円。これだけのお金を支出することになります。

ただ、40代、50代で検討している場合、すでに独身や夫婦2人の予定で家を購入済みで、あとから家族ができて住み替えを検討している人もいるでしょう。その場合は今所有している家をどうするか、新たに購入する場合は、ローン返済期

間が退職までと限られていることなどもふまえて検討する必要があります。

また、今は環境を重視して選んだとしても、**まもなくやってくる自分たちの老後の生活についても考えて選んだ方がいい**でしょう。年をとって足腰が弱くなると駅への近さなどが重要になることも。その場合は賃貸だと自分の状況にあわせて引っ越すこともできます。

このように50代前後、もしくは60代で住まいを選ぶ際は、賃貸と購入、それぞれのメリット、デメリットを洗い出し、日用品などの買い物がしやすいか、万一の場合に通院しやすい病院はあるかなど、老後の日常生活を想像しながら選ぶことがポイントです。

教育費は天井知らず。家計と子どもの将来を考えて試算を

そしてもう1つの大きな支出となるのが教育費です。たとえば幼稚園から高校

まで公立で、大学だけ私立文系にいった場合の総額は、およそ941万円。一方幼稚園から大学（文系）までずっと私立で学んだ場合は、およそ2230万円もかかるといわれています。

学校の教育費のなかで一番かかるのが大学です。もし30代後半で子どもを授かった場合、大学入学が順当にいって50代前半。それまでに大学入学の教育資金を貯めつつ、日々の家計をやりくりし、マイホーム購入をして、ローン返済もしていく必要があります。**どのくらいまで教育費をかけられるかを早い段階で試算しておく**のがいいでしょう。

家計の収支をしっかり把握

老後の生活に入る前に必ずやっておきたいのが、お金の流れをクリアにすることです。そのためにやっていただきたいのが、**現時点での家計の把握**。自身の貯蓄額がどのくらいあるかを確認したうえで、それをどうやって増やしていったらいいのかを考えましょう。

たまに「ギスギスした生活は送りたくないから、余裕があるときに貯金するようにしている」という人がいます。確かに「できるときにやる」という考え方は、無理をしていない感じがして一見良さそうな気がします。そういうスタンスである程度蓄えられているなら、今まではそれでよかったかもしれません。

ただこういったケースの場合、「今月は余裕がなかったから貯蓄できなかった」という状態が何度もくり返されると、まったく蓄えられていないということもあります。しっかりと計画的にお金を蓄えるなら、「毎月3万円」など金額を決めることが重要です。さらに「必要なものを払ってから3万円を取り分けよう」としていると、うっかり使ってしまい、貯められないことも多いので、給与や収入が入った時点で先に貯蓄分だけを取り分けることが大切といえます。

シンプルだけどお金の動きがわかりやすい家計簿

さらに、現時点での日々の家計がしっかり回っているかも知っておきましょう。「贅沢していないのに全然お金が貯まらない……」と、お金の悩みを口にする人がいますが、そういった人の多くは、毎月どのくらいの収入があり、それに対してどんなことにお金を使っているのか、ぼんやりとしかわかっていないことが要因です。お金の動きをはっきりさせるために有効なのが、**家計簿**です。

家計簿ときくと、「面倒くさそう」「性格的につけられない」という人もいますが、普通のノートやスマホに「〇〇スーパー３２１２円」などとメモするだけでもＯＫ。今は家計簿アプリもいろいろ出ているので、自分が続けやすいものを探してみるのもいいでしょう。**支出の費目も細かく分けると続かなくなるので、左ページのような項目に分かれていれば充分**です。

支出の費目

住居費（家賃、ローン等）	円
食費（お菓子なども含む）	円
水道光熱費	円
通信費（スマホやネット代）	円
日用品（ティッシュや洗剤など）	円
医療費	円
保険料	円
教育費（習い事も含む）	円
被服費	円
レジャー代	円
貯金	円
お小遣い	円
その他（使途不明金）	円

大切なのは、まずは**1カ月間家計簿を続ける**ことです。そして1カ月終わった時点で収入から支出の総額を引いてみます。そうすることで今の家計がうまく回っているかどうかを知ることができますし、貯蓄分を先に取り置くことで、「全然貯められない」という悩みも解決できます。家計簿については、第6章で改めて詳しく解説します。

口座を2つ作ると管理しやすくなる

また、給与振り込みや、光熱費の引き落としなどに使う**「生活資金」の口座と、「貯蓄」専用の口座と2つ持っておく**と便利です。生活資金口座に給与が振り込まれたら、すぐに貯蓄分を専用口座に移すことで、生活資金口座のお金＝その月に使うことができる金額になります。そうすることで自ずとその範囲内でやりくりしようとするので、赤字を防ぐことにもつながります。

ちなみに、普通預金口座から普通預金口座に移しても、お金がちょっと足りないとか、急な出費があるごとに、つい拝借ということになってしまいます。そうならないためにも、解約手続きが必要な定期預金口座に自動振替で毎月一定額を積み立てていくといいでしょう。

家計が回らないときは固定費を見直して

日々の家計を見直してみた結果、翌月に繰り越せるお金がある、もしくは収支が同じという場合はいいですが、もし収入よりも支出が上回る、あるいは収支はほぼ一緒でも、いつもギリギリで精神的にキツイという場合は、支出の見直しをしてみるといいでしょう。

ただ、食費も今までの2／3にして、レジャー費も抑えて……となんでも節約してしまうと、生活自体が窮屈になってきてしまいます。そこで、まずは家賃

（ローン）やスマホ代などの固定費の支出を見直すのがいいでしょう。特に、申し込み当初はよく利用したものの、今はご無沙汰なネットサービスなどがないかもチェックし、見直すと固定費削減につながります。

また、自動車も半年に1回ぐらいしか乗らないのであれば、手放すことで駐車場代なども削減可能です。使う時だけカーシェアするという方法もあります。

常に家計をうまく回すには収支のバランスが大切。それが崩れて支出が上回ることが多い場合は、やみくもに削ってしまうと、日々の生活自体がしづらくなってしまうことも。まずは**毎月定額でかかる固定費から見直す**ことがポイントといえます。固定費の見直しについては、第6章でも触れます。

給与明細は手取り額だけでなく「税金」もチェック！

会社員であれば、毎月の**給与明細**に記載された手取り額と口座に振り込まれた金額に相違がないかきちんと確認している人もいるでしょう。給与明細に書かれた各項目の意味をきちんと理解していると、老後の資金も蓄えやすくなるので、ここで解説しておきます。

会社や雇用形態によって異なりますが、基本給に、残業代や家賃補助、役職手当など各種の手当がプラスされたものが、総支給額です。

もちろん総支給額＝口座に振り込まれる金額ではなく、そこから所得税や住民税や厚生年金などが引かれるのですが、どんなものがいくらぐらい引かれているかは「**控除**」という欄を確認するとわかります。

そして年に1回、12月に年末調整があり、所得税と住民税については再度見直しが行われます。見直しをした結果、税金を払い過ぎている場合は、還付を受けられます。逆に足りない場合は追加で税金を支払う必要があります。

給与明細の見方

令和４年10月度

給与明細書

0001 竹下華 殿　　　　支給日 ４年10月25日

通勤費は月15万円まで非課税

①支給

基本給	役職手当	住宅手当	家族手当	時間外手当	深夜勤務		
250000							
					税法上支給額	(非)通勤費	非課税合計
					250000	10000	10000

会社によって手当の有無は異なる

会社側が支払う総額＝額面

総支給額
260000

その月の課税対象額に応じて支払い、最終的に年末調整をする

前年の所得に応じて支払う

給与から引かれる内訳

②控除

健康保険		厚生年金	雇用保険	社会保険料計	課税対象額	所得税	住民税
12792		23790	780	37362	212638	5200	14800

給料から天引きされる金額

控除合計
57362

残業時間や遅刻、有休日数などを記載

③勤怠

普通残業	深夜残業	遅刻早退回数	有給発生	有給残高			

実際に手元に入る金額＝手取り

差引支給額
202638

××××株式会社

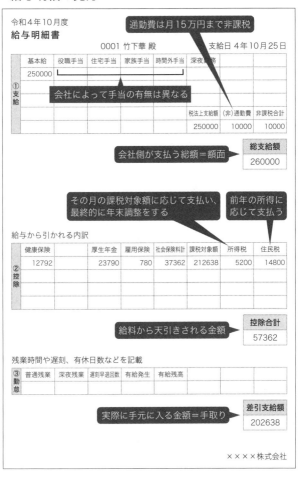

控除が多ければ多いほど税金の額は少なくて済む

年末調整の際、生命保険や損害保険に加入している場合は保険料控除の申請ができます。また配偶者の収入がないか、あっても一定の収入に満たない場合は配偶者控除の申請が可能です。これらの控除を申請することで、所得税、住民税として支払う額を少なくすることができます。ちなみに、納税の代わりにその地方の返礼品などがもらえるふるさと納税も控除の対象になります（204ページ参照）。

今年、**年末調整をする際は、控除の申請し忘れがないかどうかを確認**してみてください。減らせる額は少額でも、10年、20年と年月を重ねることで大きな差になり、蓄えられる額にも影響が出ると考えられるので、今できる対策の1つとして、ぜひ見直してほしい部分です。

万一の際のお金「生活防衛資金」も必要

今はとても不安定な世の中。突然会社がなくなったり、リストラの対象となってしまうリスクもあります。また、病気になってしばらく働けなくなる可能性もゼロではありません。そうなってしまったときのために「**生活防衛資金**」といわれる、万一の際でも生活をきちんと立て直すことができるお金をプールしておくことも大切です。

では実際にいくらぐらいプールしておく必要があるかというと、普段の生活費の6～24カ月分。すぐに使える現金で持っておくのが望ましいでしょう。

これは一般的なことですが、40代前半でリストラされるのと、50代でリストラされるのでは、状況が大きく異なります。もちろん今までの経歴や持っているスキルによって違いますが、50代だと、再就職をするのはなかなか困難になると思われます。恐らく失業期間も長くなるでしょう。さらに、若い人に比べて病気も治りにくいという面もあります。そのため、24カ月＋数カ月分の生活防衛資金を持っておいた方がいいでしょう。

家計を回しつつお金を蓄えるために「ライフプラン」を作成

先にも述べましたが、日々の家計をやりくりしながら、今後の人生でまとまってお金が必要になるイベントに向けて、お金を蓄えていくことが大切です。人生においてまとまってお金が必要になるものとしてよくあげられるのが、「**住宅**」と「**教育**」そして「**老後**」の資金です。また、これ以外にも留学をしたい、年に3回は家族旅行へ行きたいなど、個々に目標があるケースも多いので、それに向けての資金も必要となります。

これらの資金をしっかり貯めていくためには、いつ頃までに、いくら蓄える必要があるかをはっきりさせることが大切です。そのためにまずやってほしいのが

「ライフプラン」の作成です。難しそうに聞こえるかもしれませんが、要は、自分が何歳の頃にまとまったお金が必要なイベントがやってくるのか、そしてそのイベントにはいくら必要なのかを年表のような一覧表にまとめると、今いくら貯める必要があるのかが明らかになってきます（ライフプランのシミュレーションについては28ページを参照してください）。

共働きの場合は2倍のスピードで蓄えられるか

「共働き」という言葉だけ聞くと、収入源が2倍になるので、夫または妻だけが働いているときに比べてスピーディーにお金を貯められるという印象があります。

また、今の40代、50代だと夫婦ともに正社員というスタイルで働いてきた人も多くみられます。単純に考えても月の収入源が2つあるし、場合によっては年に2回の賞与も×2ということになります。

老後の金銭問題とも無縁な感じがしますが、そうではないケースも意外と多いです。ふたりで働いているのになかなかお金が貯まらない、そんなに多く蓄えているわけではないのに日々の家計がギリギリ、という家庭も見受けられます。

このような事態になる原因の1つが**家計のお財布問題**。お互いにそれぞれ収入があるゆえに、昨日は食費を夫が出したけれど、今日は妻が出したなど、家としての収支をしっかり管理できず、気づくとそれぞれがかなり支出してしまっていて、貯蓄に回す分が足りないということも……。

思ったよりも貯められていないならお金情報の共有を

「こんなはずじゃなかった」を防ぐためには、できるだけ早めにそれぞれのお金の事情を開示して共有することが大切です。先に説明したライフプランを夫婦で一緒に作成し、お互いの収入や預貯金や借金の有無などをオープンにして、これからの家計管理法について話し合いをしましょう。特に40代、50代だと長年自分たちでやってきたやり方があるでしょう。それでうまい具合に回っているなら無理にこの方法に変える必要はありません。

ただ、今までやってきて「思ったよりも蓄えられていない」「今はやっていけているが、退職した後が心配」と考えているなら、できるだけ早めに家族で話し合うのがいいでしょう。

お家の財布を1つにして収支の管理を

日々の家計をうまくやりくりするにはいろいろな方法があり、住宅ローンや子どもの学費は夫、食費や光熱費は妻と、費目ごとに夫婦で分担するという方法もあります。ただ、お金の流れを把握しつつ、蓄えを増やすには、家としての財布を1つ準備するのがいいでしょう。夫婦それぞれの給料が入ったら、あらかじめ決めておいた金額をそのお財布に入れ、家の食費や光熱費、家賃や住宅ローンなどの支払いをしていくことで、使い過ぎを防ぐことができます。共通のお財布に出すお金は、夫婦の収入によって割合を変えるのもいいでしょう。

夫婦のお小遣いについては、いろいろなやり方があります。家のお財布に決まった金額を入れ、残った金額をそれぞれのお小遣いとするケースもあれば、家のお財布に入れた中から1カ月に使っていいお小遣いを夫婦それぞれに割り当てるという方法もあります。

夫婦によってお金についての事情はそれぞれ。結婚する際にきっちり話し合って共有できていればいいですが、**お金のことについてしっかり話し合わないままきてしまった場合は、一度時間をもうけてお金の管理について話し合う**ことが、今後、お金のトラブルを減らすことにつながるでしょう。

今までなんとかやってきた人もそうでない人も一度確認を

このように、現時点での家計や生活資金がうまく回っていることが、老後資金を上手に蓄えていく第一歩につながると考えています。

今のところ、まだ日々の生活と教育資金に追われている人だけでなく、「今までなんとかやってこられた」と思っている人、すでに子育てをほぼ卒業し、資金を蓄える「入金力」モードになっている人も、再度、毎日の家計の健康チェックを行い、家族のいる人は家庭での将来の希望が共有できているかなども確認してみてください。

第2章

50代から「100－年齢」の投資割合で運用

50代ってどんなライフステージ？

一般的に20代、30代の頃は、教育費やマイホーム購入など、子育てや今の生活の基盤を作るのにお金がかかり、蓄えることになかなかお金を回せないものです。一方で、50代にもなると子どもが独立し、老後資金のための運用に回せるお金が増えるだろうと考えるのが一般的です。

しかし、年齢が高くなるにつれ、たとえば、55歳で役職定年になり収入が下がり、その後も収入が上がらない場合もありえます。希望退職、会社をリストラされるといった事態が待ち受けていることもあるのです。こう考えると、50代も後半になればなるほど、子どもの独立等で必要な基本生活費は減り、貯蓄に回せる金額は増えるはずなのですが、いざ老後資金を蓄えようとして投資などで大きな損失を出してしまった場合、そこから自力で取り戻す力が弱いということがいえます。そのため、**手持ちの余剰資金をすべて投資に回すのではなく、万一のこと**

を考えたお金を手元にプールしておくことも大切な年代なのです。

50代であれば、子どもがまだ学生で教育費にお金がかかる人もいるでしょうが、年齢的にはまだバリバリ働ける今のうちに「老後2000万円問題を解決しておきたい」「安心した老後を迎えるための基盤づくりを今のうちにしておきたい」という人が多いでしょう。

第1章でも述べたように、老後の生活のための貯蓄力＝入金力（20ページ参照）が強くなる時期は人によってそれぞれですが、50代から老後の資金を蓄えはじめたいものです。そこで、まずは50代とはどんな世代なのか考えてみましょう。

子どもが自立していない50代前半は入金力が低い

たとえば、独身ではなく家庭を持っていて子どもがいる場合、50代の前半だと、まだまだ教育資金を払っていることが多いです。場合によってはようやく小学校へ入り、支払い始めたばかりという方もいるでしょう。

教育費のなかでも一番お金がかかるのが大学の費用です。第1章でも触れましたが、文部科学省の調査によると2021年度の私立大学における初年度学生納付金（授業料、入学金、施設設備費の合計）の平均額は、135万7080円です。4年間通うと入学金等と合算した場合、トータルで414万9909円かかる計算になります（2021年度調査の私立大学における初年度学生納付金＋3年分の授業料）。

進学先によっては家から通学できないため、学校の近くに家を借りて一人暮らしをさせるケースもあるでしょう。そうなると、自分たちの生活資金に加えて、子どもの家賃＋生活費を工面しなければならないこととなり、（子どもが大学を卒業するまでは、どうしても自力で生活することが難しく、親が養う必要があるため）結果的に家計における生活費は嵩みがちになります。さらに、成人式など子どものライフイベントにもまだまだお金がかかるため、どうしても難しい状態といえます。

ただ、見方を変えれば50代前半で子どもが自立していないというのは、まだまだ「若い状態」。自身でもがんばって働こうと考える人が多いため、投資などをしても運用年数はほかの50代に比べて長いかもしれません。

50代後半になると子どもも巣立ち、入金力もだんだんと拡大

同じ50代でもこれが後半になると、かなり事情が変わってきます。多くの人の場合、子どもが大学などを卒業して自立しています。そのため、ようやく教育資金にあてていたお金を入金力に回すことができるようになります。また子どもが巣立っていったことによって、日常生活の家計から塾や学用品、教科書や参考書など教育関連の支出がなくなるというメリットもあります。

一方で、もう子どもが巣立ったこともあり、自分もリタイア時期を探し始めよ

うかなと考えるため、運用年数は短期間になってしまう人が多くなる傾向にあります。

こうやって見ていくと、**同じ50代でも前半と後半では入金力に大きな違いがある**ことがわかります。もっと細かいことをいうと、自分の子どもが何歳のときにできたかによって、教育にあてるお金が50代後半になっても必要な人もいるでしょうし、50代前半の途中から不要になって、老後の蓄えの方にかなり回せる人もいるでしょう。

子どもの進路によっても入金力の拡大時期が異なる

また、子どもが選ぶ進路によっても入金力を拡大できる時期は異なります。内閣府の男女共同参画局の調査によると、２０２０年度の高校等への進学率は、女子95・7％、男子95・3％とほとんどが進学していますが、その上の専修学校

50代のライフステージとは

50代前半	50代後半
まだまだ 若い 教育資金 が必要	老後を 考える 子どもが 自立

50代前半	50代後半
・生活費 ↑ UP	・生活費 ↓ Down
・入金力 ↓ Down	・入金力 ↑ UP
・確実な出費（教育資金）	・支出が安定化
・運用年数が長い	・運用年数が短い

（専門課程）への進学率は女子27・3％、男子20・5％、大学（学部）への進学率は女子58・6％（短期大学への進学含む）、男子57・7％です。

今は将来の生き方も多様化しているので、子どもが大学進学するつもりでいた場合でも、高校卒業後に専門課程に進むという場合があるでしょう。そうなると、予定よりも早く入金力を増すことができます。

一方で逆のケースもあるでしょう。たとえば4年制大学へ進学した後は就職すると思っていたのに、大学院へ行きたいといわれる。もしくは6年制の大学への進学希望で、入金力が増す時期が後ろ倒しになることもあるでしょう。
すなわち同じ50代でも前半と後半、あるいは子どもが自立しているかしていないかによって、お金の蓄え方、増やし方を変える必要があります。

50代から始める老後資金の蓄え方

子どもが生まれた年齢をはじめ、それぞれのライフプランによっても、同じ50代でも入金力に差があります。生き方は多様ですが、一般的に50代という老後の資金を蓄え始めないとマズイ世代の場合、どうやってお金を蓄えていくのがよいでしょうか。

世間で50代というと仕事では責任ある立場にある人も多いでしょう。仕事のスキルも充分あると思いますが、このご時世、なにがあるかわかりません。勤務する会社が倒産したりするなど、仕事がなくなるリスクもあります。そうなった場合、20代、30代であれば再就職をしたり、新しい業種に転職できる可能性も高いでしょう。

特殊なスキルや能力を持っている人は別ですが、一般的に年齢が高くなればなるほど再就職するのは難しくなります。万一働けなくなったときのことを考えて、前の章で生活資金の2年分ぐらいに相当する「生活防衛資金」を蓄えておいた方がいいという話をしましたが、50代で高まるのは失業リスクだけではありません。

たとえば健康も同じです。若いときに比べると、病気になる確率も高くなりますし、場合によっては数日入院したり、病状によっては一時休職をしないといけない状況になることもあります。

実際に国立がん研究センターがん対策情報センターの「がんの全部位における年齢階級別の罹患率」（２０１５年）のデータを見ると、男性は50代から、女性は30代後半から40代にかけてがんにかかる率が高くなっています。こころの病気に関しても、２０１７年の厚生労働省の資料によると、50代、60代の患者数が高い傾向にあることがわかります。

さらに、親や兄弟、場合によっては配偶者を急きょ、自分で介護しないといけない状況になることもあります。そういった介護のために離職、休職するという可能性も若いときよりは高くなるので、より念入りに「**生活防衛資金**」を準備しておいた方がいいでしょう。

50代以降、60代、70代でも可能な老後資金の蓄え方

ではどうやって老後の「入金力」をアップさせればいいのでしょうか。

一般的にお金を手元に残すには、**1 働いて収入を得る、2 節約をして今あるお金をできるだけキープする、3 貯蓄する、4 投資に回す**という4つの方法があります。

1 働いて収入を得る

1の場合、ここ数十年の日本経済の状況や、コロナ禍、不安な国際情勢などの社会の状況を考えるとドラスティックに賃金があがることも難しいですし、体力的にもあと数十年、今までと同じようなペースで働くのはなかなか難しいでしょう。

2 節約をして今あるお金をできるだけキープする

2は昨今の物価上昇の中ではがんばっても限界があります。また、趣味として節約を楽しめる人はいいかもしれませんが、日々の節約に追われることで生活に楽しさを見いだせなくなってしまう人もいるので、誰もが長く続けられる方法ではありません。

3 貯蓄する

3もいいのですが、今は低金利なので、バブル期のように増えることは期待できませんし、60代、70代、それ以降と長生きすることを考えると、もう少し効果的に増やせる方法があればベターです。

4 投資に回す

こういった理由から本書では、50代以降、さらに60代、70代以降でお金を増やすには、「投資に回す」という方法をおすすめしています。

そうはいっても投資にはリスクがともなうため、できるだけ安全な投資先や投資方法を選ぶことが大切になってきます。逆にいうと、**安心な投資法を選択できれば、60代、70代になってもその不労所得で老後の生活を楽しむことができる**というわけです。

では、具体的にどのようにすればお金を増やすことができるのかを解説していきます。

貯蓄＝年齢、投資＝100－年齢と考えて蓄えを増やす！

50代は、年齢が高くなった分、リスクに備えたお金も必要ということがわかりました。ただご存知の通り、今はお金を銀行に預けていてもほとんど増えない時代。ある程度、自分で投資して運用をする必要があります。そうはいっても投資は、増やすこともできますが、元手より減ってしまうリスクもあります。そうなると、収入のうちどのくらいを貯蓄、投資に回すのがいいのでしょうか。

30代の場合は、万一投資で一時的に損をしたとしてもそれをプラスにもっていくだけの時間があるので投資に70％回し、一方で貯蓄を30％と低めにしておくのがいいでしょう。

たとえば30代で手取りが30万円だったとき、日々の生活資金＋生活防衛資金として必要な金額が仮に20万円だったとすると、残りは10万円。その10万円のうち、3万円は貯蓄しておき、7万円分を投資に回すという考えです。

年齢＝貯蓄に回すパーセント

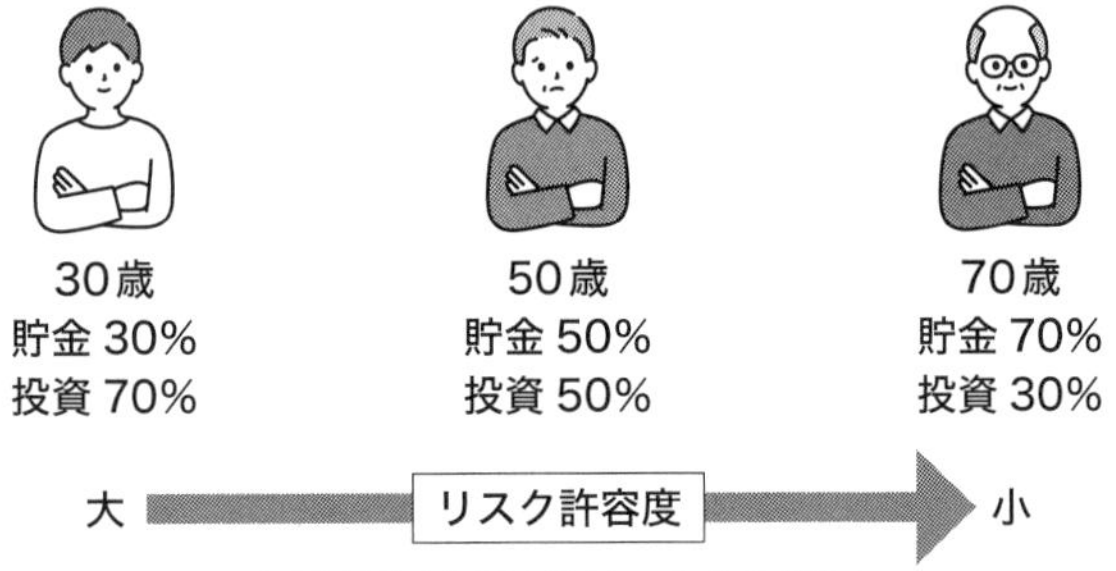

年齢が上がるほどリスクを下げる

一方で50歳になってきたら、定収入を得られる期間が短いので、投資で損をしてしまうと回収できない可能性があります。投資から足を洗い始めるのがいいので、手取り金額の中から生活資金と生活防衛資金を差し引き、残りの金額の50％を貯蓄、50％を投資にあてていくことが望ましいです。

そして70歳になったら、年金で生活費をカバーできないとき、貯蓄を切り崩して足りない分にあてていくことになるでしょう。そうなると、もう**投資という不確定な要素に資金をつぎ込むのではなく、確実な貯蓄に多くを回すのが正解**です。なので、貯金70％、投資

30％という配分に変えるのがいいでしょう。

このように、年齢に応じたリスク許容度に合わせて投資に回すお金を少しずつ減らしていき、その分、貯蓄のパーセントをあげていくことが大切です。

目安は「**自分の年齢＝貯蓄に回すパーセント**」になるので、「収入のうち、どのくらい貯蓄に回せばいいのだろうか」と思ったときは、ぜひこの法則を思い出してください。

貯蓄＝銀行の定期預金や積立だけではない

ちなみにここでいう「**貯蓄**」は、**元本割れしない金融商品**をさします。単純に銀行での普通預金や定期預金、積立だけではなく、個人向け国債や貯蓄型保険商品、デパート積立、旅行積立などがあります。ただし貯蓄型保険商品については、まだ払い込んでいる途中に解約してしまうと、元本割れする可能性があるので要注意です。

また、デパート積立は、元金＋利息も現金ではなく、そのデパートでのみ使えるお買い物券として戻ってきます。そのためデパート積立は、よく利用するデパートが決まっている人向きといえるでしょう。旅行積立も同様で、お金ではなく、該当する旅行会社で利用可能な旅行券として戻ってくるシステムになっています。「旅行するならここの旅行会社のツアーに決めている」という場合、その会社が旅行積立をやっているなら、利用するとお得に旅やレジャーを楽しむことができます。

お金を増やしたい目的と額をはっきりさせる

年齢を重ねるにしたがって貯蓄＞投資にしていくことが大切だということは述べましたが、では50代からお金を増やしたい場合は、どういった方法をとったらいいのでしょうか。その前に確認しておきたいのが「**目的**」です。お金に限らずですが、何かを始める際は目的をはっきりさせた方が達成しやすいもの。そこで考えたいのが50代でお金を増やす目的です。

若いときは、当然リスクをとってもリターンを大きく狙っていきたいという人が多いでしょう。一方で50代は、地道にコツコツと資産形成を残りの期間でやっていきたい、つまりはリターンが少なくてもいいから低リスクな投資をしていきたいという人が多いと思われます。

でも漠然と「老後資金が足りるか心配だから、増やせるならいけるところまで増やしたい」と考えているだけでは、なかなか増えていきません。もっと具体的な金額を算出することが、お金を増やす大切なポイントです。

たとえば「老後も旅行を楽しみたいから貯金を○○円にしたい」「老後も外食を楽しみたいから資金をあと○○円増やしたい」でもいいでしょう。もっと厳密に考えや計画を練れる人であれば、「今、試算をすると年金が月○○円ぐらい受給されるから、現在の日常の家計を考えると自分はあと月××円分増やせば、定年後もやっていけるだろう」などと細かく目標額を設定することも可能です。このように目標をより明らかな形にしたうえで、その目標額を達成するために、どのような手段で増やしていくかという計画を自分で立てられるようになるのが望ましい状態です。

今はシニアといっても「年金生活になってもしっかりとお小遣いをもらい、趣味を楽しむ時間を作りたい」という人もいれば、「子どもたちや孫にお小遣いやお年玉をちゃんとあげたい」という人、「独身なので、自分一人が生活できればそれでいい」という人などさまざま。そういったいろいろな老後の希望があることをふまえたときに、どんな将来を選んだとしてもおそらく必要になる金額が2000万円、要するに「**老後2000万円問題**」です。

これは「老後に2000万円ぐらいないと、豊かな老後を送るのが難しい」ということで金融庁から発表されたものです。これを解決したいということで、運

高齢夫婦、年金以外にいくら必要？

夫65歳以上、妻60歳以上の夫婦2人が老後の生活をする際、公的年金以外にどのくらいあればいいかを総務省のデータをもとに算出してみました。

高齢夫婦(夫65歳以上、妻60歳以上)家計の赤字額は？

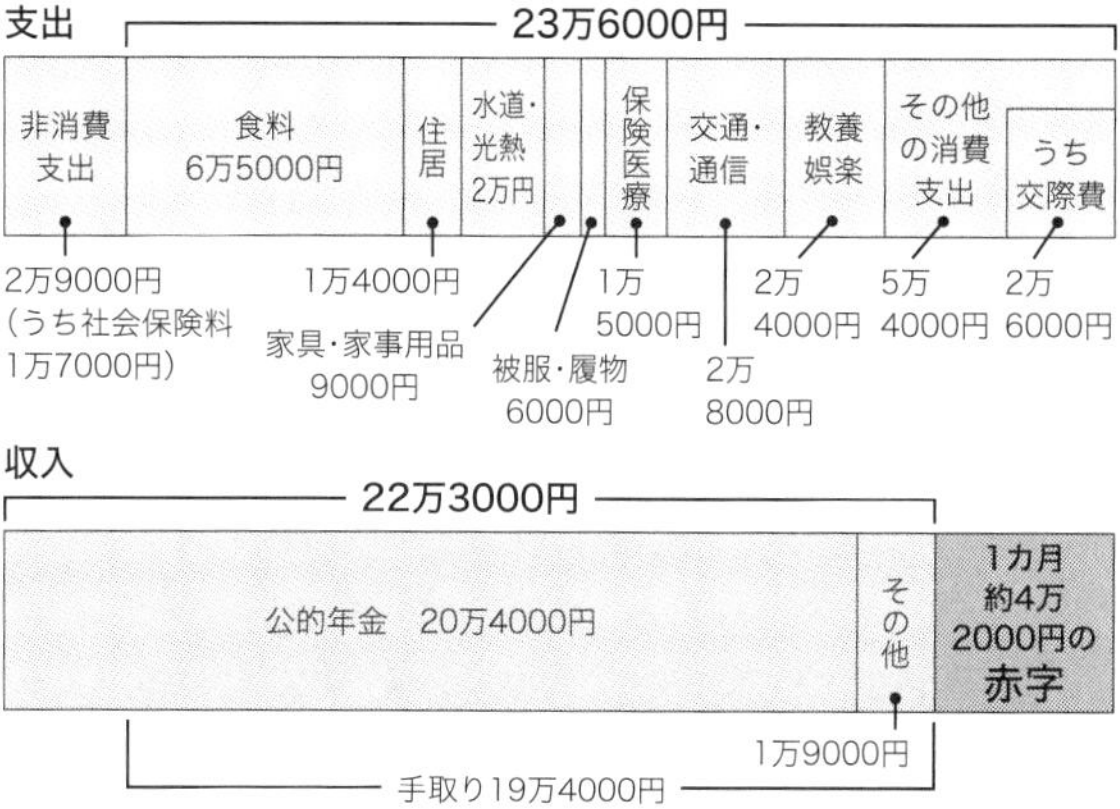

毎月の赤字額を前提にすると
65歳からの年金額ではいくら足りない？

85歳までなら → 約1000万円
90歳までなら → 約1300万円
95歳までなら → 約1500万円
100歳までなら → 約1800万円

※収入と支出のグラフ出典:総務省「家計調査報告」(2018年)より。数値は四捨五入(それ以降はコロナ禍での調査のため実生活に則している2018年のものを使用)

用期間や入金力、利回り推移に合わせてどれぐらいで2000万円を作っていけるのかを見ていきたいと思います。

50代から投資を始める場合に知っておきたいこと

今までコツコツ貯金だけでお金を蓄えてきた人もいるでしょう。今は低金利の時代なので、銀行にコツコツと預けると、お金は貯まりますが、それを元手に「増やす」ことはとても難しいです。そこでこれから初めてお金を「増やす」人のために、最初に知っておいてほしいことを解説します。

まずはお金の増やし方ですが、本当にさまざまなものがあります。パッと思いつくものとして**株**があります。ただ、今まで投資をしたことがない人にとっては「投資＝リターンもあるがリスクも大きい」というイメージがあるでしょう。確かに投資の中には短期間で運用結果がわかるものもありますが、そういったものはハイリスク・ハイリターンのものが多いといえます。

また、投資の方法もさまざまで、1つの会社の株に全額投資をする方法もあれば、株と国債など分けて投資をする方法もあります。

次に知っておきたいのが「**利回り**」です。銀行でお金を預けると「**利率**」という言葉を聞くことがあるでしょう。利率は預けたお金に対していくらの利息がつくかを示すものです。それに対して、**利回りは投資で使われる言葉で、利息だけでなく投資商品を売った場合に出る損益も含んだ額**を指します。具体的には（利息＋売却益）÷投資額×100＝利回り（％）になります。

利回りの数字が大きいほどお金が増えていくことになります。すなわち利回り2％のものよりも5％、10％のものの方がお金が増えることになります。ただし**利回りの数字が大きいということは利益が大きい一方、損失が出た場合の金額も大きくなる**ので、選ぶ際に注意したいです。

資産形成の基本は「長期・分散・積立」投資

資産形成の基本は「長期・分散・積立」、つまり「10年以上の長期間投資を続ける」(長期)、「1つの資産のみではなく、さまざまな資産や地域に投資する」(分散)、「コツコツ定期的に積立を行う」(積立)という3つの手法です。

長期投資とは、長期間にわたって金融商品を保有し続けることで、じっくりと資産を形成していく方法。長期投資を行うことのメリットは、後述するように、投資期間が長ければ長いほど「複利」の恩恵が受けられるということです。投資というと、値下がりしたときに購入して、値上がりしたらすぐに売却するような短期売買をイメージする人もいるかもしれませんが、複利効果の恩恵を受けるためには、長期投資をすることが前提となります。

分散投資とは、投資先を分散する方法。投資の格言に、「卵を一つのカゴに盛るな」というものがあります。たとえば、日本株という一つのカゴに集中投資していた場合、日本株のカゴがひっくり返ってしまうと卵がすべて割れてしまいます。しかし、日本株以外にも債券や不動産など複数のカゴに分散しておけば、仮に日本株のカゴがひっくり返ったとしても、他のカゴに入れていた卵は守られるというわけです。

このように、一つの資産に投資を集中させると、資産形成が失敗した場合に、その影響は大きくなってしまいます。しかし分散投資で投資対象商品を複数組み合わせることによって、そうしたリスクを回避することができるのです。ちなみに分散投資には、株式や債券など複数の種類の金融商品を組み合わせる「**資産の分散**」と、日本国内、先進国や新興国など複数の地域や通貨の金融商品を組み合わせる「**地域の分散**」があります。これについては後ほど、もう少し詳しく紹介しましょう。

積立投資とは、自分が決めたタイミングや金額で定期的に投資する方法。一気にまとめて投資して高値で買ってしまった場合、その後収益を上げるのは大変になります。しかし、タイミングを狙わずに、「定期的に定額で」時間を分散して投資すれば、高値づかみを回避することが可能になるのです。

積立投資では、毎回同じ金額を買う「**定額購入**」と、毎回同じ口数を買う「**定量購入**」という2つのタイプの買い方があります。このうち、長期の積立投資で強みを発揮するのは、「**ドル・コスト平均法**」が活用できる定額購入です。ドル・コスト平均法とは、毎回定額購入することで、基準価額が高いときには少ない口数を、低いときには多くの口数を購入し、結果的に平均購入単価を割安にできる方法。投資コストを抑え、高値づかみのリスクを軽減できるのがメリットです。

左の図は、毎月1万円分を定額購入した場合と、毎月1万口分を定量購入した場合を比較したもの。定額購入では購入できる口数が毎回変わり、定量購入では支払う金額が毎回変わることになります。定額購入の場合、価格が高いときには少なく、価格が安いときには多く買い付けることによって、結果的に定量購入の

購入時期が分散すると、購入単価は平均化する

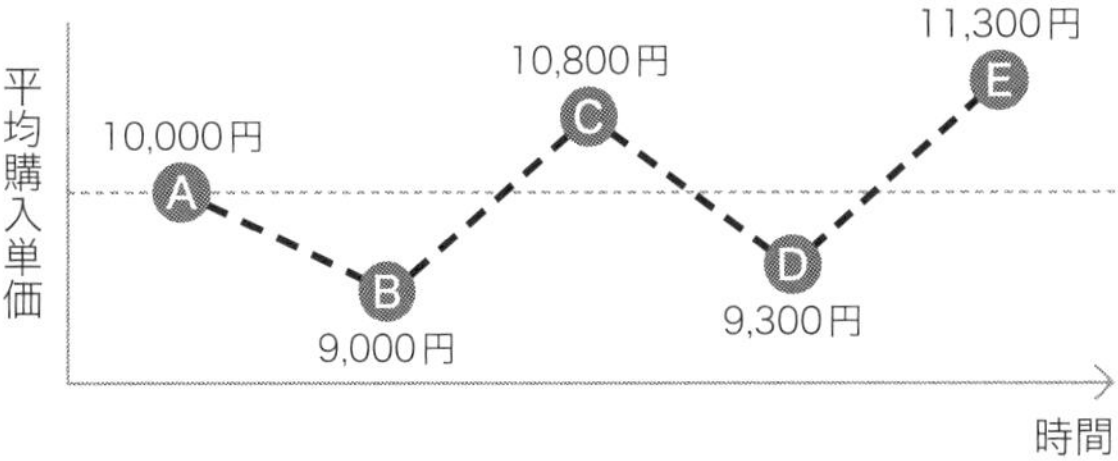

定額購入(ドル・コスト平均法)と定量購入どっちがお得?

たとえば…投資信託の基準価額がA～Eと変動した場合
基準価額(円)
A:10000　B:9000　C:10800　D:9300　E:11300

毎月1万円ずつ定額購入(ドル・コスト平均法)の場合

基準価額	A	B	C	D	E	計
買付金額(円)	10000	10000	10000	10000	10000	50000
買付口数	10000	11111	9259	10753	8850	49973

1万口あたりの平均買付単価…**1万5円** ← こっちのほうが平均買付単価が安くなる!

毎月1万円ずつ定量購入の場合

基準価額	A	B	C	D	E	計
買付金額(円)	10000	9000	10800	9300	11300	50400
買付口数	10000	10000	10000	10000	10000	50000

1万口あたりの平均買付単価…**1万80円**

場合に比べて平均買付単価が安くなっていることがわかります。

ドル・コスト平均法のもう一つの利点は、一見不利な値下がり局面で「安く買えるタイミング」となること。投資は買ったときよりも高く売るのがセオリーのため、通常値下がりは歓迎されません。しかし、定額購入であれば、価格が低いときは購入できる口数が多くなります。長期投資では安いときの購入数量が多いほど、値上がりしたときの収益もアップするため、値下がり局面を「安くたくさん買えた」とプラスに捉えることができるわけです。

ドル・コスト平均法は、短期的には効果が見えにくい反面、積立投資のような長期間の投資ではリスク低減の効果が強く発揮されます。したがって、積立投資では、価格に一喜一憂することなく長い目で見ていくことが大切です。

投資をするなら「投資信託」積立

投資初心者にとって、株や債券、不動産投資など、各種の金融商品から適切な商品を選んでそれぞれの投資対象に投資するのはかなり難しいことではないでしょうか。そこでおすすめしたいのが「**投資信託（投信）**」です。

投資信託はいわば、さまざまな投資対象が一つにパッケージされている「幕の内弁当」のようなもの。投資家から預かったお金をファンドマネージャーという投資のプロが運用してくれます。投資家から集めた資金を一つにまとめることで、多額のお金を運用できるため、株式市場や債券市場を丸ごと購入するようなダイナミックな運用ができるのが特徴です。その間、投資家が特別何かをする必要はなく、ほったらかしでOK。一度投資してしまえば、あとはお任せなので、初心者でも安心して始められます。

個別株式への投資のような、値上がりしそうな銘柄を選ぶ機動的な投資の場合、うまくいけば大きなリターンが得られますが、投資先が倒産すれば1円の価値もなくなってしまうというリスクと背中合わせになっています。一方、市場を丸ごと購入する投信であれば、そのようなリスクを懸念する必要はありません。投信では長期運用が基本であり、そのため一攫千金を狙うのではなく、むしろ「負けない」運用をしていくことが大切になるのです。

投信のメリットの一つは、「分散投資」がしやすいということ。個人で分散投資をしようと思ったら多くの資金が必要になりますが、投信では小口のお金を集めて一つの大きな資金として運用するため、さまざまな資産に分散投資し、リスクを減らすことが可能になるのです。

ただし投信では、運用などを金融機関に任せる分、いくつかの場面で手数料が発生することは把握しておく必要があります。代表的なものに、購入時に払う「**販売手数料**」、保有中に差し引かれる「**信託報酬**」、売却時に払う「**信託財産留保額**」があります。とりわけ信託報酬は、一見微々たる差だと思っても、長期運用の中で大きな額になって、運用成績に影響を与えます。そのため投信選びの際は、信託報酬を始めとしたコストにも注目するようにしましょう。

投資信託の複利力に注目

投資信託による積立投資で期待できるのが「**複利**」効果です。複利効果とは、運用で得た利益を元本に再投資することで、利益が利益を生んで、資産が膨らんでいく効果のこと。元本とその元本につく利息の両方に新たな利息がつくことで、資産が膨らんでいくという仕組みです。

たとえば、元金100万円を金利3％（年利）で1年間預けたとすると、1年後には103万円になります。3万円の利息を含めたこの103万円をさらに同じく金利3％で1年間預けたとすると、106万900円になります。このように利息に利息がついていく仕組みが複利です。それに対して、利子を元金に組み

10万円を30年間年利5%で運用した場合

	単利の場合	複利の場合	差額
0年後	100,000円	100,000円	0円
1年後	105,000円	105,000円	0円
2年後	110,000円	110,250円	250円
3年後	115,000円	115,763円	763円
4年後	120,000円	121,551円	1,551円
5年後	125,000円	127,628円	2,628円
6年後	130,000円	134,010円	4,010円
7年後	135,000円	140,710円	5,710円
8年後	140,000円	147,746円	7,746円
9年後	145,000円	155,133円	10,133円
10年後	150,000円	162,889円	12,889円
11年後	155,000円	171,034円	16,034円
12年後	160,000円	179,586円	19,586円
13年後	165,000円	188,565円	23,565円
14年後	170,000円	197,993円	27,993円
15年後	175,000円	207,893円	32,893円
16年後	180,000円	218,287円	38,287円
17年後	185,000円	229,202円	44,202円
18年後	190,000円	240,662円	50,662円
19年後	195,000円	252,695円	57,695円
20年後	200,000円	265,330円	65,330円
21年後	205,000円	278,596円	73,596円
22年後	210,000円	292,526円	82,526円
23年後	215,000円	307,152円	92,152円
24年後	220,000円	322,510円	102,510円
25年後	225,000円	338,635円	113,635円
26年後	230,000円	355,567円	125,567円
27年後	235,000円	373,346円	138,346円
28年後	240,000円	392,013円	152,013円
29年後	245,000円	411,614円	166,614円
30年後	250,000円	432,194円	182,194円

入れない場合「単利」となります。

複利の特徴は、運用期間が長ければ長いほど、その効果が大きくなっていくということ。利益を元本に再投資する回数が増えるため、その分、雪だるま式に資産が増えていきます。右の図は10万円を年利5％で30年間運用した場合に、単利と複利でどのくらい違いが出るかを示したグラフです。単利の場合、30年間で元利合計が25万円になるのに対して、複利の場合、約43万円。およそ1・7倍もの差が出るという結果になっています。

複利効果と合わせて知っておきたいのが、「**72の法則**」。これは現時点での資金が2倍になるおおよその期間が簡単にわかる算式で、「**72÷金利≒お金が2倍になる年数**」というものです。たとえば、金利4％で運用した場合、「72÷4＝18」のため、およそ18年でお金が2倍になることがわかります。

いずれにせよ複利効果のメリットを享受するためには、長期運用をしていくことが必須となります。ただし、どのような投資でもリスクがゼロというわけではありません。あくまで投資は余裕資金の範囲で行うのが鉄則。なくなったら生活が立ち行かなくなるようなお金を使うのはNGです。

投資信託の2つのタイプ

投資信託にもさまざまな分類方法があり、その種類は多岐に及びます。なかでもまず重要なのが、「**インデックス型**」と「**アクティブ型**」という運用手法による区別です。

インデックス型は、市場全体に分散投資を行い、市場の値動きを示す特定の指数に連動する成果を目指して運用するタイプの投資信託です。代表的な指数には、日本株式であればTOPIX（東証株価指数）や日経平均株価など、外国株式であればMSCIコクサイ・インデックス、S&P500などがあります。

インデックス型の場合、市場平均と同じような値動きをするように設計されているため、大儲けすることはできませんが、平均以上に損することもないのが特徴。また、コスト（信託報酬）が低いのもメリットです。

それに対して**アクティブ型は、運用会社が独自に投資する銘柄を選んで組み合わせ、市場平均を上回る成果を目指して積極的に運用を行うタイプ**です。企業調査などの手間がかかる分、インデックス型に比べて運用コストは高くなります。実際の成績はまちまちで差が大きく、アクティブ型の投資信託を選ぶ場合には、優秀な商品を見抜く目利きが要求されます。

ビギナーが投信による積立投資を行う場合、コストの安さ、値動きのわかりやすさなどから、インデックス型の方が始めやすいでしょう。インデックス型は指数を上回るような大きなリターンは期待できませんが、長期積立投資であれば、複利効果などによって効率的に増やしていくことができます。

アクティブ型は運用次第では指数を上回るような大きなリターンを得られる可能性もありますが、その分だけリスクもあります。アクティブ型を選ぶ際には、高いコストに見合った運用成績が見込めるか、慎重に検討する必要があります。

また投信は、投資方法だけでなく、投資対象によっても分類することができます。国内外の株式と債券を混ぜ合わせた時点でバランス型ファンドとなります。それ以外にも不動産に投資するＲＥＩＴや金、穀物といった商品に投資するコモディティ、複数の商品に投資するバランス型といった投信もあります。

ちなみに投資信託を始めるには、証券会社に口座を開設することが必要です。今はスマホやパソコンからでも開設することができるので、とても便利です。一度、気になる証券会社のホームページでインデックス投信について記載されているページを見るといいでしょう。

また、これから投資を始める人の場合、手数料などが安いネット証券がいいでしょう。なかでも投資初心者の候補になりやすいのが、**楽天証券、SBI証券、マネックス証券**です。もし楽天市場でよく買い物するのであれば、楽天証券で口座を開設して投資信託を購入すると楽天市場での買い物で使うことができるポイントがどんどん貯まるので、お得です。口座の開設の仕方は、この後で解説するつみたてＮＩＳＡのところで解説しています（詳しくは１６２ページを参照）。

投資信託の場合の「２０００万円」までの到達スピード

前章でも「同じ50代でもライフステージによって入金力が異なる」という話をしましたが、まずは、インデックス投信を活用すると入金力別にどのくらいの期間でいくらぐらいの資産を築けるかを見ていきます。

仮に「利回り５％」の投資信託を始めた場合、実際にいくら預けるとどのくらいに増えるのか実感できていない人も多いでしょう。要するに年間１００万円投資信託に投資することで、そのうちの５％、すなわち５万円を利益として受け取れます。ただ、貯金と違うので常に５％分の利息がつくわけではなく、10年や20年など長期にわたって運用することで、利回り５％、具体的な額にすると平均的に5万円ほど年間で利益があがるであろうという意味なので、ここは注意しておきたい点です。

たとえば毎月3万円の場合は、30年かけてようやく2400万円ということになります。つまりは毎月3万で利回り5%だと、2000万円問題を解決する頃には80歳になっているということになります。

一方で毎月10万円分投資をしていたとします。金融庁の「資産運用シミュレーション」（93ページ参照）を使って算出すると、13年で約2190万円になることがわかります。すなわち50歳から始めたとしても、積立投信を毎月10万円ずつ貯金感覚でやっていけば、リタイアする65歳の頃には「老後に必要な2000万円」を作ることができるのです。

さらに、同じ50代でも早く子どもが生まれた人だと状況が異なるでしょう。すでに子どもたちがみんな自立している場合は、入金力が高いということになります。日本は年功序列型賃金が主流なので、もし子どもたちが巣立っている場合、毎月15万円ぐらい投資に回すことができる人も少なくないでしょう。

そういう場合には10年弱で「老後2000万円」の問題を突破できることがわかります。要するに50歳から積立投資を始めたとしても、60歳前後にはもうすでに2000万円貯まっている可能性が高いのです。

50代で余裕がある今のうちに、自分が60代で2000万円を貯めたいのか、70代で1000万円でもいいのかを考えておくことが大切です。

また、定年を迎えた後に再雇用されるケースもあるでしょう。そうなると引き続き給料が支払われることになります。老後も継続的に一定の収入が得られるのであれば、決まった期日までに2000万円貯めなくても暮らせるようになるため、期間を長めに設定した投資をすることも可能です。

このように**入金力によって「2000万円」を貯める期間が違ってくる**のです。

毎月15万円を入金した場合の利回り別の資産額をチェック

今まで「利回り5％」の場合で見てきましたが、今度は毎月15万円を入金した場合、利回り別にどのくらいの資産額になるのかを見ていきます。

たとえば利回り2％だったとしても、10年続けていれば資産額が1990万円になります。そして利回り5％なら10年後で資産額が2329万円。そこから考えると利回り2％でも11年後には2000万円を蓄えることはできるので、無理をして利回り5％のリスクを取らなくてもよいという結論になります。

このようにだいたい月15万円入金できるのであれば、利回り2〜5％の投資を7〜8年ぐらいすることで、わりとすぐに2000万円を作ることができるのがわかります（左ページ図参照）。

毎月15万円を入金した場合の利回り別資産額

（万円）

利回り	3年後	5年後	7年後	10年後	15年後
2%	556	945	1351	1990	3145
3%	564	969	1400	2096	3404
4%	572	994	1451	2208	3691
5%	581	1020	1504	2329	4009
6%	590	1046	1561	2458	4362
7%	599	1073	1620	2596	4754

毎月15万円を積立投資した場合、利回りによってどのくらい蓄えられる額が違うかをリスト化したもの。老後資金2000万円を蓄えることを目標にした場合、あと何年働くか、何年くらい稼げるかによって利回りを決めてもいいだろう

同じ投資額でも株式に100％投資しなくてOK

では毎月15万円ほどの入金力のある人にとって、老後に必要な2000万円までお金を増やすときに、利回り3〜7％のインデックス投信のみでやっていくのがベストな方法なのかというとそうではありません。

正直、50代の人にとっては、老後のための2000万円を貯めるために3〜7％のリスクを負う必要はないと考えています。また、貯金がある人にとっても、そこまで大きなリターンを狙うことはありません。つまりは入金できるお金を全額株式100％に投資することはない！　というのを覚えておきたいです。

そもそも株式というものは、知っている通り変動幅が非常に大きいものです。それゆえに投資可能な金額を特定の1社の株に全額使ってしまい、ドーンと一攫千金できた人ももちろんいます。ただ、今、50代でこれから投資にトライするために勉強をしているという人が、これからハイリスク・ハイリターンな投資をしていくのは、ベターな方法ではないと考えます。

特に今までコツコツと築き上げてきた資金を使い、思い切って特定の会社の株(個別株)を購入。それで大きな損失を出してしまったとなると、精神的にも家計的にも大きなダメージになってしまうでしょう。そうなってしまうと、60代に向けてどんな方法で資産を増やしていこうかという計画もすべて大狂い。さらに、定年後の日常生活のためのお金が足りなくなってしまう事態にもなりかねません。

そういった事態を回避するために、**自分がどれぐらいのリスクまで許容できそうか、逆にそこまでしても増やさないといけない状況なのかを、自分自身でしっかりと確認してから投資を始めることが大切**です。老後に向けていつまでにどのくらい必要か、また現在、投信や貯蓄に回せる入金力がどのくらいかを把握できていると、お金を増やす選択肢も広がってきます。

国税庁の「民間給与実態統計調査(2020年)」によると、50～54歳の平均年収は519万円となっています。たとえば平均年収ぐらいもらっている人が、普段はつつましい生活をし、月15〜20万円ほどの入金力をキープしているとしましょう。そういった人であれば、どんな商品であれ多少なりともリスクのある投資よりも、オーソドックスに銀行の定期預金や積立をしているだけで、自分が決めた期間内に目標額を達成できるケースもあるでしょう。

入金力が決まっているなら「積立シミュレーション」で確認を

このように50代になると、リスクをとってまで増やすべきなのかを見極めることがとても重要です。そのためにまず、自分が貯めたい額を期日までに達成できるかを確認してみてください。

それを**簡単に確認できるのが、金融庁や楽天証券などのサイトにある積立運用シミュレーション**です。毎月の積立額とどのように運用したいか、運用年数などを入力すると、積立金額とともに、暫定の運用益、運用総額が出ます。

積立運用シミュレーション

金融庁のホームページには、毎月の積立額、想定される利回り、運用年数を入力すると、元金、利益、運用後の総額を年別にチェックできるシミュレーションがあります。

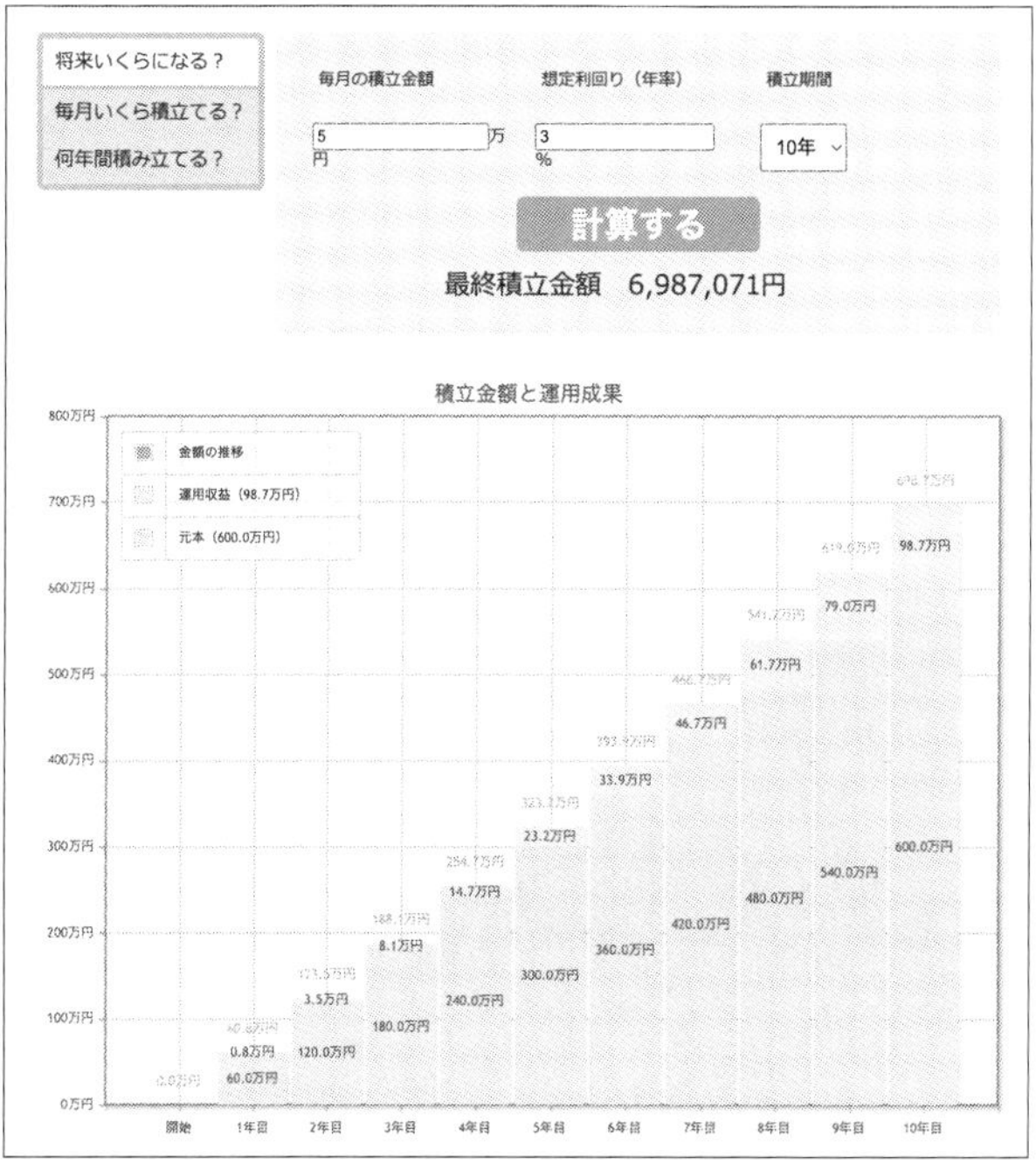

出典：金融庁 NISA 特設ウェブサイト「資産運用シミュレーション」より
(https://www.fsa.go.jp/policy/nisa2/moneyplan_sim/index.html)

たとえば目標として2000万円を貯めたいとします。積立をする期間を50歳から65歳までの15年間にすると、利回り3%の場合は毎月8万8116円ということがわかります。このように、最終的な目標額と運用期間、希望する利回りを入力すると、毎月どのくらい積立すればいいのかがパッと算出されます。

逆にこの機能を使ってこんなこともチェックできます。たとえば利回り別に15年間投資をする場合、利回りが0%、つまり貯金をする場合は15年間で2000万円作るのに毎月11万1111円積み立てればよいことがわかります。

50〜65歳の間、毎月11万円入金できるかは、個々のライフステージによっても違うでしょう。ただ一般的に50〜60代となると、まとまった金額の教育費が必要な時期も終わり、給料もけっこうもらっているケースが多いと考えられます。こういったことを加味すると、毎月11万円なら支払っていける金額ではないかと思われます。

「ほんの少しだけ利回りがあるものを」という場合は、年間の利回りが2%のインデックス投資というのもあります。一般的にインデックス投資の年間利回りは3〜7％となるので、かなり保守的です。この商品で2000万円を15年間で貯めるには、10万円を切ってきて毎月9万5368円積み立てればいい計算になります。

そして、インデックス投資で多く見られる利回り4％で15年間積み立てるとすると、2000万円なら毎月8万1271円という計算になります。

最終的な目標額が同じであれば、投資年数が長くなれば長くなるほど、毎月の積立金額は低くできます。

すべてを株に回すのではなく、より低リスクな投資に分散

もちろん投資なので、運用益、運用総額はあくまでも想定のものです。前にも述べたように毎月の積立額と運用年数が同じであれば、利回りの数字が大きけれ

ば大きいほど運用益が多くなります。ただし損失が生じた場合は、利回りの数字が大きい方が損失額も大きくなるというデメリットもあります。

こういったものを活用し、投信を活用してお金を増やしていくべきなのか、50代という年齢を考慮して、自分の想定期間内に目標額を達成できるなら、リスクはとらずに地道に貯金をしていくかを見極めるのがいいでしょう。

50代からお金を増やすなら、リスクのことを考えて投資をすることが肝心、という話をしましたが、いくら損をするリスクがないからといって、銀行に預金しているだけでは、目標額まで増やすのは相当難しいと思われます。でも、最近ではネットバンクなどから普通の定期預金よりも金利が高いインターネット定期預金なども出てきているので、一度チェックしておくのもいいでしょう。

そうはいっても50代で、老後の生活資金に不安が少しでもある人なら「**限りなく低リスクで、できる限り希望の期間内で増やしたい**」というのが本音でしょう。

そこで提案したいのが、投資に回すお金を100%株式インデックス投信や個別株に回すのではなく、一部を違う投資に回して分散させるという方法です。

たとえば債券。変動の幅が小さく、安定性が非常に高いというメリットがあります。当然、株式より利回りが低くなってしまう可能性もあります。ただ、利回りをそこまで重要視していない50代の人にとっては、株式と債券の両方に投資し、老後の資産形成をすることで、リスクを抑えつつ資金を増やせるでしょう。

債券は株式よりも安定性が高い

国や地方自治体や公共団体、そして一般企業が個人（投資家）から資金を借りるために発行するのが**債券**です。満期日が決められていて、期日になると、記載されている額面が償還されます。さらにプラスで利子をもらうことができます。

国が経済的に破綻したり、会社が倒産してしまうと貸しているお金を返してもらうのは難しくなるため、まったくリスクがゼロというわけではありません。また、株式と比べても利回りが低いという特徴はあります。

ただ、株式と比べると、破綻や倒産が起こらない限り元本が戻ってくるため、安全性はとても高いです。

また、アメリカの債券の話になりますが、リーマンショックのとき、株価が急落しているのに対し、債券の価格が急激に上がるという状況がみられました。2020年のコロナ禍ショックのときもアメリカの債券の価格は急上昇しています。つまり、株が暴落したとしても債券をあわせてもっていると、かなりダメージを軽減することができます。

ちなみに円でお金を貸出する「円建て」のほか、お金を貸すときも償還されるときも外貨でやり取りする「外貨建て」があります。外貨建ての場合は、円建てよりも比較的利回りがよいものが多いですが、レートによっては償還される金額が貸した金額より少なくなることもあるので、注意しておきたいです。

第3章

プロに学ぶ「株式50%、債券50%」がオススメの理由

一括投資ではなく、少しずつ積立投資していくのが基本

子育ての手が離れ始める人も出てくる50代以降。投資などに回せる「入金力」が少しずつ上がってくる一方、いろいろなリスクに備えた対策も必要になるため、前章で目安として「貯蓄＝年齢、投資＝１００－年齢」という話をしました。50代だと蓄えに回せるお金のうち、投資が50％ということになりますが、全額投資に回して万一運用に失敗すると、数十年かけて蓄えてきたお金なのに目減りすることになってしまいます。万一損失が出た場合、30代であれば時間をかけてリカバリーすることができますが、50代だと時間が少ない分、取り戻すのが難しくなります。

繰り返しになりますが投資の基本は、「長期」「分散」「積立」の3点です。50代だからといって時間がないとあせって、この基本を忘れてはダメです。何度も言っている「１００－年齢＝投資比率」ということでいえば、たとえば、１００

0万円保有しているのなら、そのうち500万円は定期預金や個人向け国債（後述）に回すなど安全資産で、**残りの50％を一括で投資するのではなく、少しずつ積立の形で投資をしていくのが基本**です。

今あるお金が500万円なら、それをすべて定期預金に預けておく必要はありません。その代わり、50歳からの10年間、毎年50万円ずつを積立の形で投資し、10年で500万円を運用することで、結果、500万円は預貯金、500万円は投資商品という形でもOKです。

お手本にしたいポートフォリオはGPIFの組み合わせ方

では、その50％部分の投資はどのような商品や投資先を考えればいいのでしょうか。50代の投資先の分散法としてまず参考にしたいのが、**GPIF**のポートフォリオ（投資先の分割割合）です。GPIFとは「**年金積立金管理運用独立行

政法人」の略。厚生労働大臣から任せられた年金積立金の運用および管理を行っている団体です。運用から得られた収益を国庫に納めることで、年金財源が安定するようサポートをしています。

ではなぜ年金の運用なのかについて解説します。私たちの年金というのはただ支払ったものを積み立てていき、それを年金受給できる年齢になってから受け取っているわけではありません。私たちが支払った年金をＧＰＩＦが運用してくれて、その運用で資産を膨らました結果を享受しているのです。

では最初の話に戻りますが、なぜＧＰＩＦのポートフォリオが50代の投資先を考えるうえで参考になるのでしょうか。

そもそも年金というものは、「暴落してしまったので、今月の年金は少なくなってしまいます」「運用失敗につき、今月の年金はなし」ということが決して許されるものではありません。そのためＧＰＩＦが安定したポートフォリオをつくって運用していくことがとても重要なのです。受給者に年金を支給し続けるためには、リスクが低く、堅実なリターンのあるポートフォリオでないといけません。そしてこのような運用があるからこそ、年金制度というのは成り立っているのです。

このようにリスクが低く、手堅いリターンを見込めるGPIFのポートフォリオなら、50代が投資に求める条件とほぼ重なるといえるでしょう。ではGPIFがなぜそのような運用ができるのかを詳しく見ていきます。

GPIFのポートフォリオは50／50で収益率が約5％にも

現在、GPIFのポートフォリオを見てみると、国内債券が25％、外国の債券が25％、国内株式、外国株式がそれぞれ25％ずつとなっています。要するに債券と株式が50％ずつのポートフォリオなのです。「債券が50％も占めていて、リターンが出るの？」と思ってしまう人もいるかもしれません。

しかし、2021年の投資の収益率を見てみると、プラス5・42％。収益額10兆925億円となっており、収益率はかなり良かったことがわかります。つまり、債券50％でもしっかりとリターンは出ているのです。またこのポートフォリオは過去20年間にも平均年間収益率は約プラス3・7％。おおよそですが3％のリターンは債券を含んだポートフォリオでも出してきてくれるということが、GPIFの実例を見てわかります。

GPIFのそもそもの投資目標が、日本の賃金上昇率にプラス1・7％のリターンを目指すということになっているので、今ならばプラス3・6％の収益を出せばいいのです。

そして、市場運用開始以降の20年間でプラス3・69％（2021年度業務概況書）という結果を出しており、長い期間にわたって株式と債券を組み合わせた状態で運用していれば、このようなしっかりとしたリターンをあげることができます。

GPIFのポートフォリオ

内側：基本ポートフォリオ（カッコ内は乖離許容値）
外側：2022年3月末

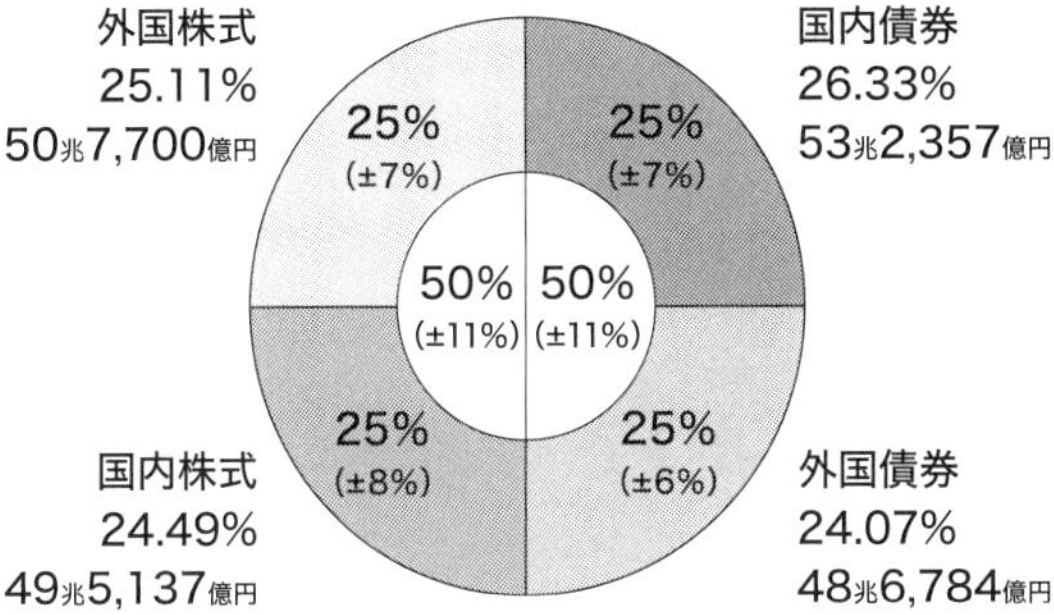

出典：GPIF2021年度業務概況書

国内、海外債券の「25%」のバランスが崩れた場合の戻し方

ＧＰＩＦは、国内株式、外国株式、国内債券、外国債券をそれぞれ25%ずつ組み合わせたポートフォリオで運用していることと、市場運用開始以降の20年間でプラス３・６９%になることは前述したとおりです。このことから株式と債券を組み合わせたポートフォリオで、長期間にわたって運用してもしっかりとリターンを得られることがわかります。

では、ＧＰＩＦの運用がどうなっているかを見ていきます。頻繁な売買や個別銘柄の選定というのはまったくといっていいほど行っていません。先ほども述べたように国内債券、外国債券、国内株式、外国株式をそれぞれ25%ずつ保有していますが、定期的にリバランスしています。リバランスとは、持っているポートフォリオの構成比バランスが運用の都合で崩れてしまった場合に、元の構成比に戻すことを指します。

たとえば運用していく中で、国内債券が15％になり、外国債券が35％になってしまったとき、元の25％ずつに戻すことを「〇〇をリバランスする」といいます。具体的にどうやって元に戻すかというと、次のような方法があります。

まずは割安な商品を購入します。次に高値で売れる商品を売却。売却益のリターンを得ながら次第に元の25％に戻していきます。このようなリバランス作業を行いながら、ポートフォリオを組んでいくのです。

一見「年金運用のポートフォリオなんて参考になるのか」と考えてしまいそうなものですが、年金と同じように「一攫千金は求めないが、少額でもリターンが出る運用」が望まれる50代が投資するにはいいお手本といえます。国内株式、外国株式、国内債券、外国債券をそれぞれ25％ずつにするポートフォリオは、再現可能だと思われるので、こういったＧＰＩＦの手法を積極的に取り入れた投資をしていくのがいいでしょう。

株式も債券も「国内」にこだわる必要はなし

先ほど「GPIFのポートフォリオを参考にするとよい」と述べましたが、実は50代の人に参考にしていただかなくていい部分もあります。GPIFのポートフォリオというのは、国内債券と国内株式、つまりは「国内の商品」に合わせて50％分の投資をしていることになります。GPIFがそのように国内商品を5割保有している理由には、年金受給年齢を迎えた人々に、きちんと年金を支給し続けていくために手堅い運用をしていくという側面があります。もう一つ、国内の株式や債券を保有することで、「日本の株価や債券を買い支える」という機能もGPIFは持っているので、国内株式や国内債券にもしっかり投資をしています。

私たち個人投資家は、このような崇高な使命は担っていません。とはいえ、株だけではリスクが高くなってしまうし、債券だけとなると目標通りのリターンを見込めなくなるでしょう。

そのために株と債券を50％ずつにしておくことが重要です。そのポイントさえしっかりおさえているのであれば、国内にこだわる必要はありません。全世界の中から自分が好んでいる株式と債券に50％／50％で投資をするポートフォリオでもOKだということです。むしろその方が、日本株に依存するよりもリスク分散になるという考え方もあります。とにかく、ポートフォリオを債券50％、株式50％という割合にすることが大切というのを、しっかりと心に留めておきましょう。

GPIFと同じ運用をするにはどうしたらよいかはこの章の後半（118ページ）で解説します。

もう1つの手本となるポートフォリオはオールシーズンズ戦略

もう1つ、低リスクで着実なリターンを目指せる投資法として参考にしてほしいのが、「**オールシーズンズ戦略**」です。

オールシーズンズ戦略というのは、アメリカの著名投資家のレイ・ダリオ氏が提唱している方法です。まずは彼がどんな人物かを簡単に紹介します。

1949年ニューヨーク生まれで、投資との出会いは少年時代。新聞配達などのアルバイトで貯めたお金で株式投資を始めたといいます。その後、ロングアイランド大学、ハーバード・ビジネス・スクールを経て証券会社に入社し、商品先物取引を担当します。1975年、26歳で自身の会社「ブリッジウォーター」を創業。今やブリッジウォーターは世界を代表するヘッジファンドになり、ダリオ氏は最高投資責任者として、マーケットの動向を見続けています。

話を元に戻すと、「先物取引で最小リスクで最大利回りを目指していこう」という考えのもと、リーマンショックでもしっかりと安定したリターンを叩き出したのが、オールシーズンズ戦略のポートフォリオなのです。

オールシーズンズ戦略は少ない資金で下落に強くリターンも大

では、低いリスクで細長くリターンを得たい50代からのお手本となるオールシーズンズ戦略とはどのようなものなのでしょうか。オールシーズンズ戦略の特徴として挙げられるのは、そもそも**資金額が少ない個人投資家向けの戦略で下落局面に強く、リターンも高いポートフォリオ**です。

ダリオ氏が率いるブリッジウォーター社では、どのような経済環境下でも安定的な収益を上げる「オールウェザー戦略」というものを提唱・実践しています。ただ、オールウェザー戦略はレバレッジやデリバティブなど高度な金融手法を駆使しており、個人投資家がそのまま実践することは困難です。そこでオールウェザー戦略のエッセンスを抽出し、個人投資家向けに簡素化したポートフォリオがオールシーズンズ戦略となります。

ではオールシーズンズ戦略を提唱するダリオ氏の「**黄金のポートフォリオ**」と

オールシーズンズ戦略

株式30%、中期の米国債15%、長期の米国債40%で金の現物7.5%、コモディティ7.5%が黄金のポートフォリオ

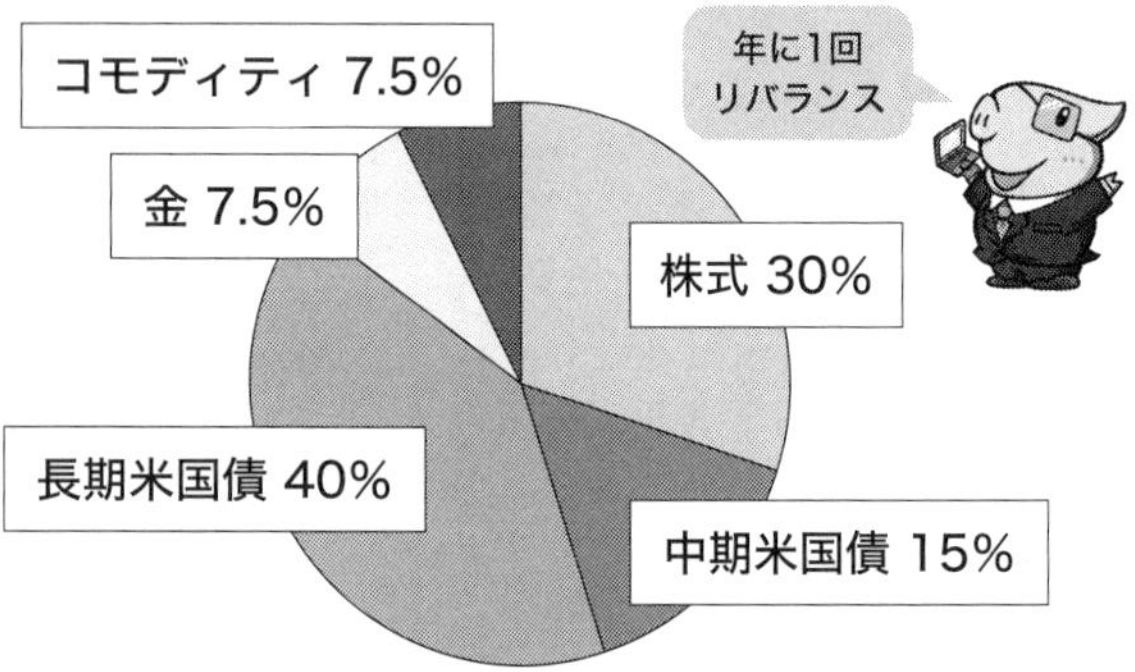

資産を減らさず負けにくいポートフォリオ

いわれているのはどのようなものなのでしょうか。

　投資先の内訳を見ると株式30%、中期の米国債15%、長期の米国債40%、金の現物7・5%、また原油やガソリンなどのエネルギーや穀物など現物に価値のあるコモディティ7・5%。これが最適なポートフォリオとされています（上図参照）。ダリオ氏によると、株式の変動リスクは、債券の約3倍。できるだけローリスクにするために、個人投資家は株式よりも債券を多く所有した

方がいいとのことです。

また経済の下降期には米国債が上昇します。さらにインフレの際は、金やコモディティが上昇します。こういう傾向から「黄金のポートフォリオ＝安定したポートフォリオ」を組めます。すなわち経済状況がいかなる流れになっても、株、米国債、金、コモディティのどれかが収益をあげることができるポートフォリオとなっているのです。

リーマンショックなどの状況下でもダメージに強い戦略

注目してほしいのは株式が30％だけで、より債券に投資の比重を置いている点です。オールシーズンズ戦略と、米国株式だけの投資を比べた場合、どれぐらいのリターンがあったのかを調べたところ、２００８〜２００９年あたりのリーマンショックのときでもオールシーズンズ戦略の場合は、そこまで大きな元本割れを起こしていません（左ページ図参照）。

その後、より長期に見ていくと、米国株式の方がリスクも高いため当然リターンも高くなってきますが、オールシーズンズ戦略の方はずっと安定を保ち、一定のリターンを叩き出し続けていることが判明します。

事実、株式は、コロナショックで非常に大きく下落してしまっていますが、それに対してオールシーズンズ戦略の場合は、下落こそしているものの、その下がり幅が小さく抑えられています。恐らく現物資産である金やコモディティへの投資が功を奏しているのでしょう。そういった面から見てもオールシーズンズ戦略が安定したリターンを狙いやすいポートフォリオだということがわかります。

また2007〜2021年のオールシーズンズ戦略と米国株式のポートフォリオのリターンを折れ線グラフにして比較してみたところ、オールシーズンズ戦略のグラフは、本当に綺麗な右肩上がりになっているのがわかります。これは投資をするうえで、とても安心できるポートフォリオの証といえるでしょう。

オールシーズンズ戦略

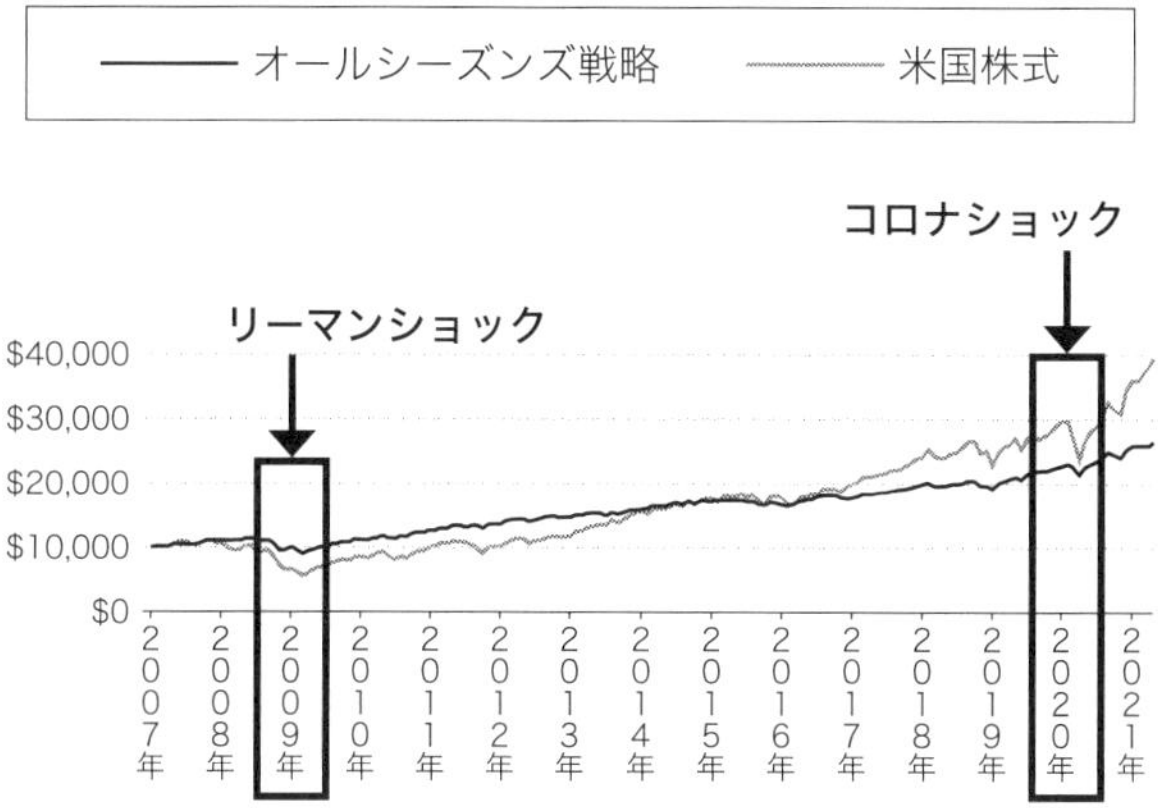

ポートフォリオのうち、債券のパーセンテージを高くしているオールシーズンズ戦略は、米国株式と比べると2008年秋～2009年のリーマンショック、2020年のコロナショックのときでも最小限の下げ幅にとどめ、その後、コンスタントに利益を生んでいることがわかる

インデックス投資より下落に強く、トータルリターンも及第点

では、オールシーズンズ戦略のポートフォリオの最大の下落率はどのくらいあるでしょうか。

米国株式市場の株価指数のひとつにS&P500があります。ニューヨーク証券取引所やNASDAQに上場している500社の銘柄で構成されており、米国市場の動きを把握するうえで重要な指数です。このS&P500の動きと連動する投資信託は、いわばアメリカを代表する500社に投資するような商品ですが、それとオールシーズンズ戦略を比較して検証してみます。

S&P500の場合、最大の下落率がマイナス50・97%でしたが、オールシーズンズ戦略の方はマイナス14・75%と、かなり下落率が抑えられていて、下げ幅が小さくなります。

また、保有する投資商品の損益がパッとわかるトータルリターンで見ていくと、

オールシーズンズ戦略の場合は年率で6・1%。一方でS&P500は年率で8・59%と非常に強いですが、それでもオールシーズンズ戦略もかなり頑張ったリターンを出しています。

このようにリスクが低く、着実なリターンを目指すうえではオールシーズンズ戦略を参考にしてみるのもいいでしょう。こちらもGPIFと同様、株式30%、中期の米国債15%、長期の米国債40%、金の現物7・5%、コモディティ7・5%と決まったバランス比率で投資をしていくので、年に1回ぐらいのリバランスを行うことが大切です。そうすることで、オールシーズンズ戦略を、より資産を減らしにくい、負けにくい投資にできるということを覚えてください。

バランスに従った投資で低リスク&堅実リターンの運用を

今まで述べてきたように、GPIFのポートフォリオとオールシーズンズ戦略のポートフォリオは、どちらもバランスに従った投資をするだけで、低リスク&堅実リターンを得られる運用をすることができます。すなわち知識が乏しいなか、自身で個別銘柄を選んで運用する必要はありません。

つまりは、50代からに必要な「低リスク&手堅いリターン」を叶える投資法は、決して難しいものではないことがわかります。

それでは2つの投資法を参考にした運用法について見ていきましょう。

GPIFの投資法を真似する債券との組み合わせが威力を発揮

まずはこの章で紹介した投資法の1番目、GPIFの投資法を真似できる投資信託の例を紹介します。改めて確認すれば、「株式」と「債券」に半分ずつ投資するのがこの投資法の基本です。「株式」に投資することについては皆さんイメージがつきやすいでしょうが、「債券」といわれてもイメージしにくい人が多いでしょう。

あらためて**債券**とは、国や地方自治体、民間企業などが資金を調達するために発行する借用証書の一種です。前述したように債券を購入することは、直接金融によって国や企業にお金を貸すことを意味します。保有期間中には利子が、満期時には額面金額が支払われることが約束されているため、比較的安定した資産形成が可能になります。また、債券は市場で自由に売買できるため、購入したときよりも高い値段で売却すれば売却益を得ることも可能です。

ただし、発行体の財産事情や経営状態によってリターンが変動する信用リスクや、中途売却するタイミングによって売却益が出たり出なかったりする価格変動リスクなど、さまざまなリスクをはらんでいます。

債券にはいくつかの種類があります。まず、日本国内の発行体が円建てで発行する**国内債券**があります。国内債券には、民間企業が資金調達のために発行する「**社債**」、国が発行する「**国債**」や「**政府関係機関債**」、地方自治体が発行する

「**地方債**」があります。なかでも国債は、年率０・０５％の最低金利が保証されているため、超低金利の現在では預貯金代わりの資産運用先として人気が高まっています。ただ、その他の債券は一般的に1単位が最低１００万円と、購入にはまとまった資金が必要となります。

一方、債券の発行体・通貨・発行市場のいずれかが外国の債券は「**外国債券**」と呼ばれます。外国債券の魅力は、国内債券に比べて金利が高い点です。元本の払込、利子や償還金をすべて外貨でやり取りする「外貨建て債券」であれば為替変動による差益も狙うことができます。ただし、一般的に金利の高い債券ほど信用リスクは高くなります。そのため、利回りだけではなく第三者の格付け会社による格付けをチェックすることが大切です。

50代の人にとって重要なのは、暴落したときにできるだけダメージを下げて、ポートフォリオ全体で右肩上がりに一定成長するようなポートフォリオを作成することです。そのようなポートフォリオを形成するうえで鍵になるのが債券なの

「iシェアーズ米国国債20年超ETF（TLT）」の値動き

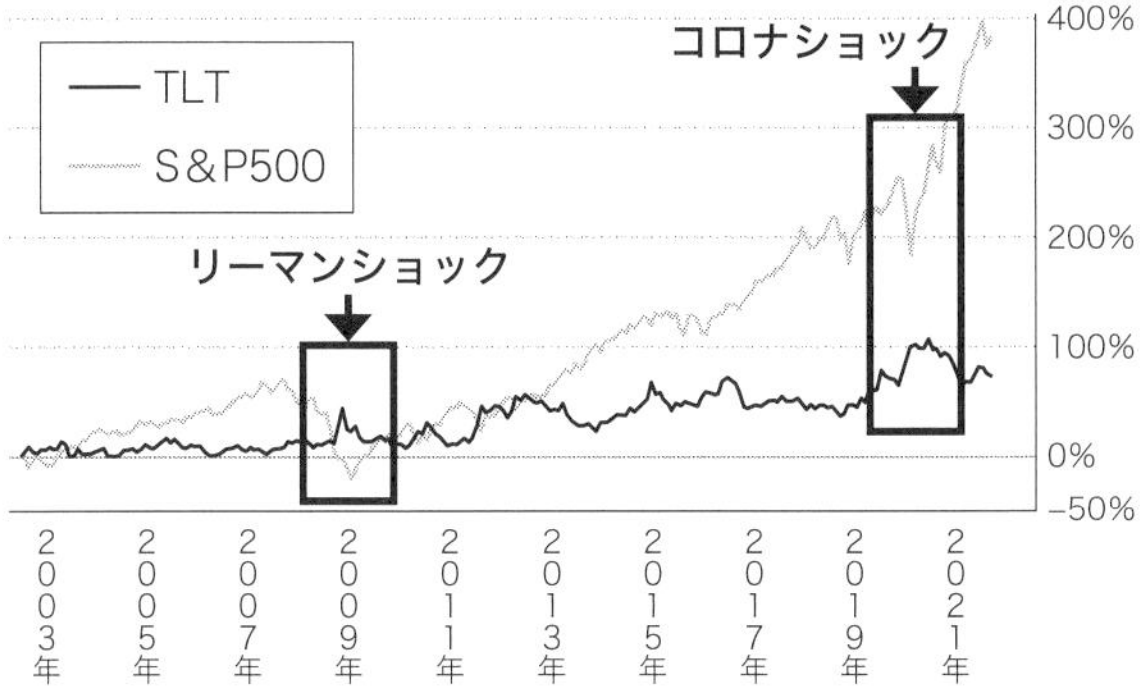

です。

上図は米国の株式指数Ｓ＆Ｐ５００と、米国の長期債券に連動するＥＴＦ（証券取引所に上場されている投資信託。取り扱っているのは証券会社のみ）である「ｉシェアーズ米国国債20年超ＥＴＦ（ＴＬＴ）」の値動きを示したチャートです。とくに注目してもらいたいのが、リーマンショックとコロナショックのときの値動きです。

２００８年のリーマンショック時を見てみると、株価が急落しているのに対して、債券の価格が急激に上がっています。また２０２０年のコロナショックのときに関しても、債券ETFの価格が急上昇していることがわかります。

このように、たとえば米国の長期債とS&P500を合わせて持っておけば、仮に暴落が起きて片方の資産が減ってしまっても、もう片方の資産は増えていくというように、資産が逆相関の関係であることからダメージを軽減できるのです。

GPIFと同じ構成のインデックス投信

ここまで説明してきたように、50代の人が老後の資産形成をするうえでは、株式と債券の両方にバランスよく投資していくのがいいでしょう。それをふまえたうえで紹介したいのが、全世界株式と全世界債券の投信に50％ずつで投資する方法です。

全世界株式の投信としておすすめなのが、「**楽天・全世界株式インデックス・ファンド**」です。これは、全世界の株式に投資ができるインデックス型の投信になります。「FTSEグローバル・オールキャップ・インデックス（円換算ベース）」に連動する投資成果を目標として運用を行います。

資産の配分比率は、先進国株式（除く日本）75・23％、外国株式12・89％、国内株式6・29％、新興国株式5・59％となっています。日本、先進国、新興国など、全世界の株式約8800銘柄にまとめて投資ができ、世界の経済成長の恩恵を受け取れるのがメリットです。投資信託の維持コストは0・199％とコスト面でも魅力的です。

一方、全世界債券の投信としておすすめしたいのが、「**楽天・全世界債券インデックス（為替ヘッジ）ファンド**」です。満期までの期間が1年超のインデックスに含まれる、日本を含む各国の政府債、政府関連債、社債および証券化された債券を主要投資対象とします。ベンチマークは「ブルームバーグ・バークレイズ・グローバル総合浮動調整インデックス（円ヘッジベース）」です。

資産の配分比率は、先進国債券（除く日本）90・44％、国内債券9・16％、短期金融資産0・4％となっています。また投資対象には、国債だけではなく、社債、モーゲージ債などが含まれているため、国債だけの投資よりも利回りアップを期待することができます。さらに格付けに関しても、投資適格と呼ばれる相対的に信用力が高いといわれている債券が選ばれているのが特徴です。

本書執筆現在では、「楽天・全世界株式インデックス・ファンド」と「楽天・全世界債券インデックス（為替ヘッジ）ファンド」は、**楽天証券のほか、マネックス証券、SBI証券などで購入することが可能**です。

レイ・ダリオのポートフォリオを真似するとしたら？

ここまで繰り返してきたように、50代で老後資産を貯めるうえでは、「資産を減らさない」ということが重要になります。そこで参考にしておきたいのが、「米国ファンド界の帝王」といわれるレイ・ダリオ氏（詳しくは110ページを参照）が推奨するポートフォリオです。

彼が個人投資家向けに考えたポートフォリオ「オールシーズンズ戦略」は、どのような経済状況であっても安定的な成績を残すことを重視したものです。具体的な資産構成比率は、「株式30％＋長期米国債40％＋中期米国債15％＋金7・5％＋コモディティ7・5％」となっています。資産を分配することによって、インフレ時期、デフレ時期、経済上昇期、経済下降期という4つの経済状況に対応可能になっています。

このダリオ氏のポートフォリオに近づけていくためにおすすめしたいのが、「eMAXIS Slim 先進国株式インデックス」を30％、「eMAXIS Slim 先進国債券インデックス」を55％という買い方です。

「eMAXIS Slim 先進国株式インデックス」は、日本を除く22カ国の先進国株式にまとめて投資できるインデックス型の投信。「ＭＳＣＩコクサイ・インデックス」に連動する投資成果を目指して運用します。投資先の地域の比率は、米国

70・3%、先進国（除く日本）6・7%、英国4・2%、カナダ3・5%、その他15・3%。全体の約7割を米国に投資しているのが大きな特徴です。

一方、「eMAXIS Slim先進国債券インデックス」は、日本を除く世界各国の公社債に投資するインデックス型の投信。多くの投資信託やETFが採用している「FTSE世界国債インデックス（除く日本、円換算ベース）」をベンチマークとしています。資産構成は、米ドル48・15%、ユーロ38・14%、英ポンド5・41%、カナダ・ドル2・0%、豪ドル1・6%、その他の通貨4・7%。米国と欧州で85%以上の比率になっているのが特徴です。

これら2つのeMAXIS Slimシリーズの大きな特徴は、「業界最低水準の運用コストを、将来にわたって目指し続ける」という方針のもと、設定後も継続的に運用コストの見直しを実施するということです。実際、信託報酬を見てみると、「eMAXIS Slim先進国株式インデックス」は0・1023%、「eMAXIS Slim先進国債券インデックス」は0・154%と、コスト面での魅力が非常に大きくなっています。

またダリオ氏のポートフォリオは、「金」が7・5%を占めています（112ページ図参照）。日本ではあまり注目度が高くない金投資ですが、金投資にはいくつかのメリットがあります。

まず1つは**暴落に強い**ということ。大きな市場崩壊が起きた場合に、金は資産を守る役目をはたしてくれます。実際、2020年のコロナショック以降で金価格は一瞬だけ下がりましたが、1カ月ほどで元の水準にまで戻っています。同時期のダウ平均株価が暴落前の水準にまで戻るのに半年ほど要したのと比べると、非常に早く回復していることがわかります。

第2に、**インフレリスクの備えになる**こと。現金の一部を金に換えておくと、インフレによって現金の価値が下がったとしても、資産総額を目減りさせずに維持しやすくなるのです。また同じくインフレに強いといわれる株や不動産などと異なって、景気変動による影響を受けにくいというのも金のメリットです。

金価格の推移

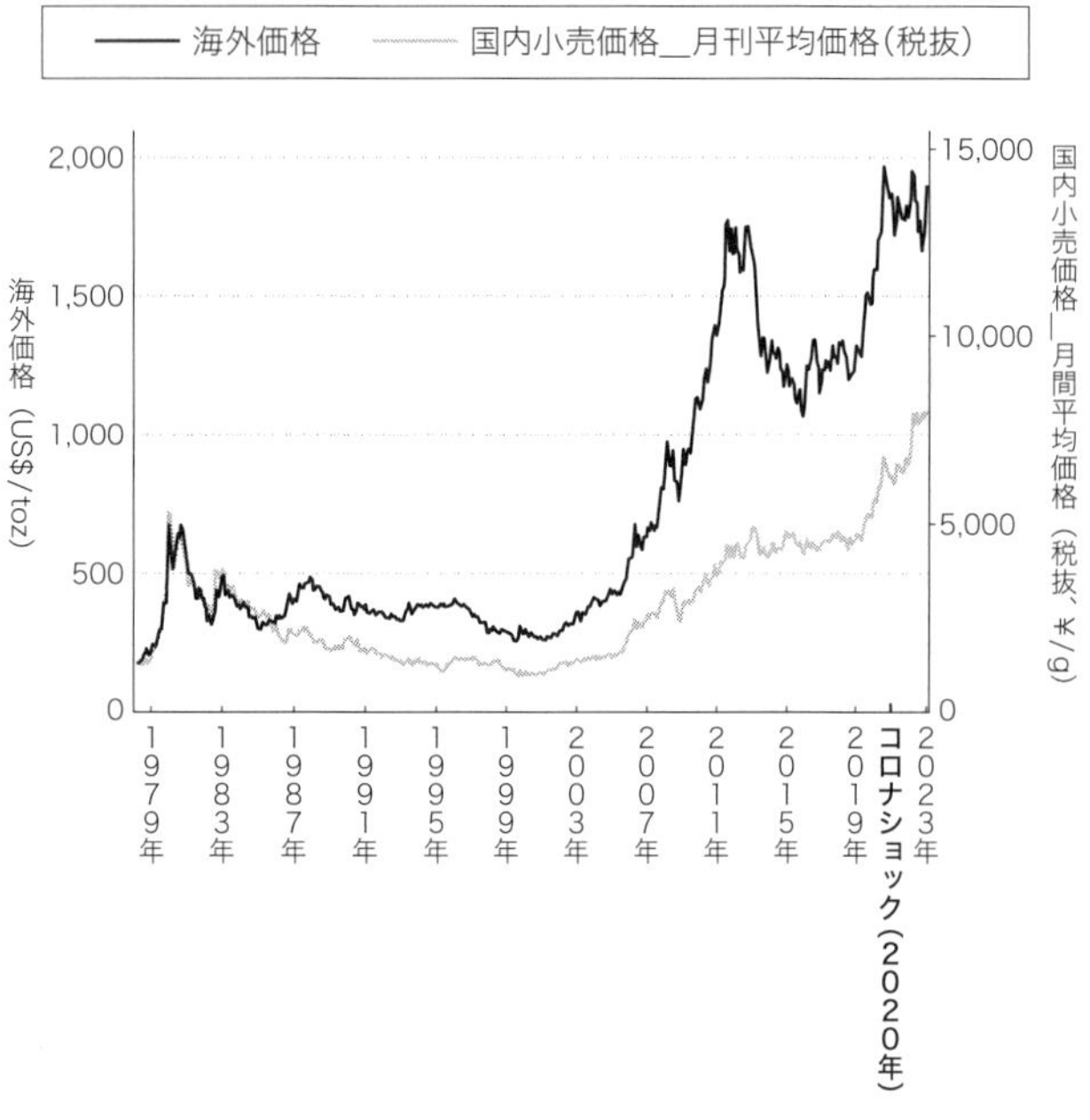

海外価格
国内小売価格＿月刊平均価格（税抜）
海外価格（US$/toz）
2,000
1,500
1,000
500
0
国内小売価格＿月間平均価格（税抜、￥/g）
15,000
10,000
5,000
0
1979年
1983年
1987年
1991年
1995年
1999年
2003年
2007年
2011年
2015年
2019年
コロナショック（2020年）
2023年

第3に、**供給量増加によって値下がりする可能性が低い**ということ。一般に供給量が増えやすいほど値下がりするリスクが大きくなります。その点、金は希少性が高く、供給量には限界があるため、価格が大幅に下がる可能性が少ないといえます。

金へ投資するうえで、おすすめしたいのが「Smart-i ゴールドファンド」です。主に「RMゴールドマザーファンド」へ投資することで、日本を含む世界の金融商品取引所に上場されている金地金価格への連動をめざすETF（上場投資信託証券）に投資できる商品です。

為替変動の影響を受けない仕組み「為替ヘッジ」があるタイプとないタイプがあります。海外に投資するファンドは、為替相場の変動が基準価格の値動きに連動します。為替ヘッジありを選択すると、為替相場が下落してもその影響を受けることなく収益を得ることができますが、ヘッジコストがかかる、円安によるメリットを受けられないという短所があります。今回でいうと円安の際により恩恵を受けられ、儲けることができる「為替ヘッジなし」を選択するのがいいでしょう。また、信託報酬という手数料が割安な点も特徴の1つです。

2021年設定で、基準価格は1万2201円（2023年2月末時点）、純資産額は2・92億円です。

ぽんちよ風にGPIFとレイ・ダリオ氏の投資戦略を考えてみましたが、いかがでしょうか。リスクをケアしながらしっかりと資産を形成するうえでどちらもおすすめなので、ぜひ参考にしてみてください。

第4章

投資の基本は積立！ 2大非課税制度を利用しよう

老後に備えるには貯蓄と投資のベストバランスを再確認

50代になると、子どもが大学を卒業し、自立するケースも多くなります。そうなると子どもにお金がかからなくなってくるため、次第に入金力もアップすることになります。その一方で自身の年齢も高くなるため、投資で損をした場合、若い人のように自分で損失を補てんしたり、再度値上がりするまで待つ時間が少なく、リカバリーが難しくなってきます。すなわち入金力が上がるからといって、それをすべて「リスクがある分、リターンの大きい株式投資」などに回さない投資法を選ぶのが賢明でしょう。

そこで、大切になってくるのが「余裕資金」をどのように運用に活かしていくかということです。

私が第2章で提案したのが、余裕ある資金全体を100としたとき、「年齢＝貯蓄、100－年齢＝投資」という比率の考え方です。20代であれば、余裕のある資金の20%を貯蓄し、残りを投資へ回します。老後の資金を本気で考え始めている50代であれば、ちょうど半分ずつ貯蓄と投資をすればいいことになります。そうすることで、年代に沿ったリスクヘッジをしながら資産を作っていくことができるのではないかと思います。

これはあくまでも目安と考えてください。たとえば同じ50代でもまだ子どもが小さく、そして貯蓄も少ないときは、場合によってはもう少し投資の比率を多くするのがいいかもしれません。ただやはりリスクはあるので、そこはよく検討するのがいいでしょう。逆に50代でもある程度子どもが生まれる前に貯蓄をしていて預貯金がある場合は、積極的に投資をしたことで損失が出てしまったとき、せっかく貯めてきた貯蓄を目減りさせることになりかねません。

それを避けるためには目安よりも投資の比率を少しだけ下げるのもありだと思います。自分の状況などに応じてそのあたりはカスタマイズすると、より効率よく老後の資金を始め、目標とする金額を貯められるかもしれません。ただ、お金のことや、老後の資金問題について今回初めて向き合う人、自分でカスタマイズするのは怖いという人は、目安を参考に貯蓄と投資を始めてみてください。

初めてならプロにお任せできる長期投資が始めやすい

ひと口に投資といってもいろいろなものがあります。多くの人が「投資」と聞いてイメージするのが、特定の会社の株を自分で購入して運用していく個別株です。こちらは、買うタイミング、売るタイミングも自分で判断していきます。その会社の業績などによっては、ハイリターンを見込める場合もありますが、一方で株価が下落した場合は、一気に損失が大きくなってしまうというデメリットもあります。

銀行に預金するような感覚で、一定額を定期的に渡し、そのお金を元にどんな銘柄を買うか、どのくらいの期間、運用するかなどの判断をすべてプロが行う投資信託もその1つです。プロが運用を行うため、リスクがかなり抑えられるのが大きなポイントです。その代わりにドーンとまとまった利益が出ることも少ないと考えてください。

低リスクで確実に利益が見込める事例をお手本に

このように投資といってもいろいろな種類がありますが、前の章でもいったように投資でしっかり蓄えるには、長期の「運用」、確実な「積立」、そして特定の銘柄に投資するのではなく、「分散」して投資を行うことが大切になります。特に50代でまだ子どもの教育費がかかるのに、迫ってくる老後問題へ早急に対応しないといけないと考えると、時間をかけずに大きいリターンを見込めるものにひかれてしまうかもしれません。その気持ちをグッとおさえ、先ほどの「100－年齢＝投資にあててよい比率」を思い出すようにしてください。

そこでぜひお手本にしたいポートフォリオが、前章で紹介したうちの1つ、**GPIFのポートフォリオ**です。

国内債券が25％、外国の債券が25％、国内株式、外国株式をそれぞれ25％ずつ。すなわち債券と株式が50％ずつなのです。半分が債券のため、果たしてリターンがきちんと出るか心配な人もいると思いますが、GPIFの2021年の収益額は10兆925億円、収益率はプラス5・42％と好結果なので、お手本にするのがよいと思います。

GPIFと同様に、低リスクで着実なリターンを目指せるポートフォリオが、アメリカの著名投資家のレイ・ダリオ氏がすすめる**オールシーズンズ戦略**で、別名「黄金のポートフォリオ」といわれています。

経済状況を知り尽くすダリオ氏の考えに基づいているので、経済がいかなる流れになっても、株、米国債、金、コモディティのうち、なんらかで収益をあげられる仕組みになっています。世界中を不安に陥れたリーマンショックのときでさえ、それほどの痛手を被らなかったというポートフォリオなので、リスクへの対応力がやや弱くなっている50代でも安心して取り入れられるのではないかと考えています。

もちろんこれは50代以降、60代、70代で投資をする場合もお手本として活用できるものです。

いずれの投信を始めるにもぜひ利用したい制度とは

50歳から老後の資金を蓄えるためには、長期運用型で堅実に利益をあげられる投資がいいのではないかと話しましたが、もう1つぜひ利用してほしい制度があります。それが**投資で得られた利益が非課税になるという制度**です。その制度を利用できるのがｉＤｅＣｏ《イデコ》（個人型確定拠出年金）とつみたてＮＩＳＡ《ニーサ》です。

この2つ、最近、街中や銀行などいろいろなところで耳にすることも多いでしょう。でもよく仕組みがわからない、iDeCoとつみたてNISAが投資商品の名称だと思っていた、という人も少なくないようです。

本書を読み、今すぐ老後資金のことをなんとかしないといけないが、iDeCoとつみたてNISAのことについて今さら基本的なことを聞きづらいと感じている人もいるでしょう。そういった人に向けて、それぞれの制度について、利用するとどんなメリットがあるかを中心に説明していきます。

税制優遇があるのがiDeCoとつみたてNISAの特長

貯蓄といっても、1カ月の収支で余った金額を貯めている人もいれば、給料が入ったらあらかじめ決まった金額を定期預金などに回している人もいると思います。たとえば定期預金だと金利が低いので、10万円を預けたとしても、ほぼ同額のまま。仮に、微々たるものですが、運用益が出て元本より若干増えたとします。

その増えた分は、所得とみなされ、約20％の税金がかかります。

これは定期預金にかぎらず、普通に投資信託などを購入した場合も同様で、運用で増えた分は所得とみなされ課税対象になります。なので、運用益が出たとしてもそれがすべて自身のものにはならず、所得税を差し引いた分が自身のものになります。

運用がうまくいけば、当然、運用益も増えます。ただそれにともなって税金としてひかれる額も大きくなるので、なんとなくスッキリしない人もいるでしょう。その点、iDeCoとつみたてNISAの制度を利用して運用すれば、条件付きで運用益は非課税になるので、全額自分の収入にすることができます。

iDeCoとつみたてNISAの違いで注目すべき点

どちらも税制優遇が受けられるiDeCoとつみたてNISAですが、こういった制度がはじまった背景を見ていきましょう。

かつては、年金で定年後の老後の生活を充分にまかなうことができました。ただ、今は医療技術や薬の開発も目覚ましく、90歳や100歳まで人生を謳歌する人も増えてきました。でもそうなると年金だけでは老後の生活を楽しむのは難しくなります。iDeCoとつみたてNISAは、こういった状況を考え、将来や老後に必要なお金を、それぞれ個人が効率よく蓄えられるように国が導入した制度です。すでに説明したようにどちらも税制面で優遇を受けられるのが最大のメリットになりますが、一番の違いは、運用できる年数と引き出せる時期です。

iDeCoは「individual-type Defined Contribution pension plan」という英語表記の略。日本語だと「**個人型確定拠出年金**」という表記になります。個人で運用したお金を国民年金や企業年金に上乗せできる「**年金**」なのです。**投資できる期間は、会社員の場合、65歳まで。フリーランスや自営業、主婦の場合だと60歳まで**です。年金なので、お金の引き出しも原則として60歳まではNGです。

一方、つみたてＮＩＳＡの場合は20歳以上であればだれでも制度を利用可能。運用期間は購入した日から20年間で、２０２２年11月現在、投資をスタートできるのは２０４２年までとなっていますが、**恒久化が２０２４年に決定している**ので安心して始めてください。**自身の年齢や運用年数に関係なく、お金の出し入れが自由にできる**のもポイントです。

それ以外に、年間の投資金額や得られる税金のメリット、手数料、選べる商品なども違いがあります。

3回のうまみがある?!　ｉＤｅＣｏの税制上のメリット

ｉＤｅＣｏで運用すると税制上のメリットがあるというのはわかったと思いますが、具体的にどの程度のメリットを得られるかに関心を持っている人もいることでしょう。時間と手間をかけてｉＤｅＣｏを始めたのに、優遇措置といっても本当に雀の涙ほどのメリットしか得られないのでは、コストパフォーマンスに見合わなくなってしまいます。そこで始める前にメリットとなる部分について詳しく解説します。

まず、税制の優遇を受けるタイミングが3回あります。**最初は積立したとき**です。積立をする際、積立しようとする金額、すなわち掛金全部が「小規模企業共済等掛金控除」という所得控除の対象になるので、その年の所得税とその次の年の住民税の額が軽減されます。収入や勤務形態などによって控除の対象となる額は異なってきますが、年単位で見ると、節税額は数万円にのぼるので、大きなメリットといえるでしょう。自営やフリーランスの場合は確定申告で、会社員の場合は勤務先に提出する年末調整で申告することで、所得と掛金額によって決められた金額が還付されます。

具体的な数字を表してみると、年収500万円の人が1カ月に1万円ずつ積立した場合、年間で2万4000円程度還付されます。積立時のお金が優遇される

かんたん税制優遇シミュレーション

年収
500
万円
加入開始年齢
20
歳
※15歳～64歳の間で入力してください。
掛金
5000
円 / 月額
※5000円から68000円の間で入力してください。
計算する

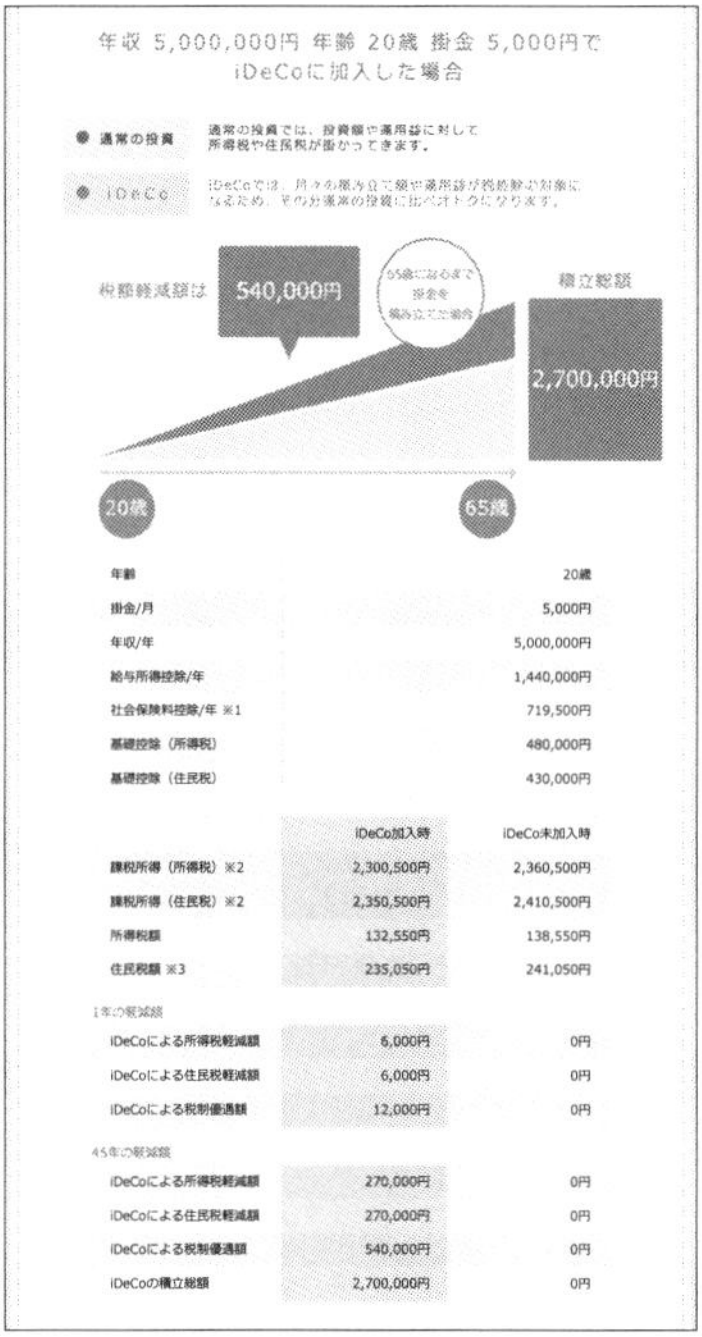

年収 5,000,000円 年齢 20歳 掛金 5,000円で
iDeCoに加入した場合
通常の投資
通常の投資では、投資額や運用益に対して
所得税や住民税が掛かってきます。
iDeCo
税額軽減額は
540,000円
積立総額
2,700,000円
20歳
65歳
年齢 20歳
掛金/月 5,000円
年収/年 5,000,000円
給与所得控除/年 1,440,000円
社会保険料控除/年 ※1 719,500円
基礎控除（所得税） 480,000円
基礎控除（住民税） 430,000円
iDeCo加入時 iDeCo未加入時
課税所得（所得税）※2 2,300,500円 2,360,500円
課税所得（住民税）※2 2,350,500円 2,410,500円
所得税額 132,550円 138,550円
住民税額 ※3 235,050円 241,050円
1年の軽減額
iDeCoによる所得税軽減額 6,000円 0円
iDeCoによる住民税軽減額 6,000円 0円
iDeCoによる税制優遇額 12,000円 0円
45年の軽減額
iDeCoによる所得税軽減額 270,000円 0円
iDeCoによる住民税軽減額 270,000円 0円
iDeCoによる税制優遇額 540,000円 0円
iDeCoの積立総額 2,700,000円 0円

iDeCo 公式サイトには、年収、運用開始年齢、月々の掛金を入力すると、65 歳まで積立投資した場合の通常の投資との比較や、税の軽減額などがひとめでわかるものがあります。2～3分でチェックできます。

出典：iDeCo 公式サイト「かんたん税制優遇シミュレーション」
（https://www.ideco-koushiki.jp/simulation/）

のは、ｉＤｅＣｏだけのメリットです。

ちなみに自分の状況にあわせていくら戻ってくるかシミュレーションしたい場合は、ｉＤｅＣｏ公式サイト「かんたん税制優遇シミュレーション」(https://www.ideco-koushiki.jp/simulation/) にアクセスし、自分の年齢、加入開始年齢、掛金（毎月の積立額）を入力するだけで、1年での節税額や、65歳になったときにｉＤｅＣｏ未加入だった場合との節税額の比較などをひとめでチェックすることができる（１４３ページ参照）ので、気になる人や節税効果が気になる人はやってみるといいでしょう。

運用益が出ても税金でひかれる心配ナシ！

次に税制優遇を受けられるのが運用時です。通常、株取引や投資信託などを運用して利益が出た場合、その利益に対して所得税15％＋復興特別所得税０・３１

5％＋住民税5％の計20・315％の税金が課せられます（復興特別所得税が上乗せされるのは2037年までの予定）。

それがiDeCoでは運用益が出たとしてもすべて非課税、税金がかかりません。よりわかりやすく具体的な数値でいうと、年収500万円で毎月1万円を50〜65歳まで積立したとします。50代ということを考え、できるだけリスクを回避した利率1％で運用した場合の節税効果を出してみました。

このケースですと積立元金が180万円。順調に運用できたとすると、15年間で14万1140円の運用益が出て、元金＋運用益は194万1140円となります。iDeCo未加入の場合、運用益14万1140円が課税対象になります。計算すると2万8228円分が税金として差し引かれることになります。この金額が、iDeCoに加入すれば節税できるので、手元に残ることになります。

どの受け取り方法でも税制上の優遇措置が受けられる

ｉＤｅＣｏで積み立てたものは、老齢給付金として、受け取ることになります。受け取り方法は、①一時金として一括で受け取る方法、②通常の年金のように2カ月に1回など分割で受け取る方法、③①と②を併用する方法の3種類。いずれの方法を選択しても、一律ではありませんが税制上の優遇を受けることができます。

①は、60〜75歳までの好きなタイミングを選び、積立金＋運用益を一括で受け取る方法です。この場合、退職所得控除が適用になります。ｉＤｅＣｏを30年間積立していた場合ですと、１５００万円まで非課税になります。自営業やフリーランス、専業主婦などで勤務先からの退職金がない場合は、①の方法を選ぶのがいいでしょう。

一方で、勤務先からの退職金と一緒にｉＤｅＣｏを一括で受け取る場合、それらの合計金額に対して退職所得控除が適用されます。この場合、会社の勤続年数が20年を超えていれば、「(会社の勤続年数－20年)×70万円＋８００万円」で算出します。この式で出た答えを、会社から受け取った退職金＋ｉＤｅＣｏで積み立てた老齢給付金を一括で受け取った額が下回れば、課税額はゼロになります。

通常の給料などの課税に比べ、退職所得控除はかなり優遇されています。会社員だけでなく、フリーランスや専業主婦でもこの制度を使えるチャンスがあります。

②の場合は、公的年金等控除が適用になります。60～64歳は年60万円以下まで、65歳以上は公的年金との合計が年額１１０万円以下まで非課税です。モデルケースとしては、60歳で退職を考えているなら、公的年金が支給される65歳までの間の収入サポート的に年金形式で受け取るのもいいでしょう。

また、65歳まで働く場合は、65歳までは給与で基本的にやりくりし、退職後に公的年金と一緒に「W年金」として年に複数回、定期的に受け取るのもありです。

③は一時金として老齢給付金を一部だけ最初に受け取り、残りを年金形式で受け取っていく方法です。この場合は退職所得控除と公的年金控除のいずれも受けることが可能です。

いずれも何かしらの税制優遇を受けられるのですが、一時金の際に適用される退職所得控除は、税金対策としてはとてもメリットが大きいものになります。ケースにもよりますが、税金0円ということもあります。もし、ライフプランや自分の性格上、一時金として受け取ることが可能なら、検討してみるといいと思います。

50代はiDeCoを優先！ 60代はつみたてNISAでお金を増やす

どちらも税制上の優遇が受けられるので、どちらも始める余裕があるよという場合は、今から両方を始めるのがベストでしょう。でも、50代は人によってライフステージの現在地が大きく異なる年代でもあります。子育てもほぼ終わっていて入金力が高い50代であれば、どちらも始めるのがいいですが、まずはどちらか一方から始めたい、両方に積立をしていく余裕がまだないという場合は、**iDeCoから先に始めるのがベター**です。

そう考える理由の1つは節税メリットが大きいことがあげられます。多くの人がまだ現役で働いている50代の場合、所得控除を受けることができるiDeCoは、お金を蓄えるという点でメリットが大きいといえます。

また、iDeCoの場合、60歳まで引き出すことができません。たとえば30歳から積み立てた場合、30年間そのお金を引き出せませんが、50代の場合だと、仮に50歳から積み立てたとしても10年後にはそのお金を自由にすることが可能です。短期間の拘束で、後は自分の思い通りにお金の使い道を決められる点も魅力です。

こういった理由からどちらか1つ選ぶのであれば、50代の場合、iDeCoがいいでしょう。ただ、**2022年5月から会社員や公務員の全員と、自営業者や**

フリーランス、主婦の一部は、加入年齢が65歳まで延長され、積み増しできる時間が長くなりました。

もちろん、つみたてNISAから始めてしまうと損をするというわけでも、とても非効率だというわけでもありません。**お金の出し入れが自由にできないことに不便さや不安を感じるのであれば、つみたてNISAから始めて**もいいでしょう。

とくに今、60代の場合は、加入できる年齢や運用期間を考えたとき、iDeCoでは、仮に60歳で加入し最長69歳まで運用したとしても、その運用期間は10年弱しかありません。老後の資金を作るなら、つみたてNISAをメインに考えるといいでしょう。

ｉＤｅＣｏを始めるにはまずは金融機関で専用の口座を開設

さまざまな税制の優遇が受けられるｉＤｅＣｏですが、実際に始めようとした場合にどんな準備が必要なのか、投資初心者だとわからないという人も多いでしょう。そこで具体的にどんなことが必要になるかをレクチャーします。

ｉＤｅＣｏをスタートさせるのに必要なのが、金融機関で専用の口座を開設することです。これがないとまさに何も始められないので、なるべく早く作りたいところ。とはいえ証券会社や銀行などさまざまな金融機関で作ることができるので、どこにしたらいいの？　と迷う人もいるでしょう。ｉＤｅＣｏ口座はひとりに1つしか与えてくれないので、しっかりと各金融機関の特徴や特典を比較したうえで開設するのが望ましいです。

そこでいくつかの選び方のポイントをお教えします。

・口座開設前に運営管理手数料がいくらになるか確認を

ｉＤｅＣｏを始めた場合、国民年金基金連合会と事務委託先金融機関に手数料を支払うことになります。ちなみに国民年金基金連合会とは、自営業やフリーランスの人が加入し、国民年金にプラスして支払われる「国民年金基金」の運営などを行っている団体です。

いくら支払うかというと、国民年金基金連合会にはｉＤｅＣｏ加入時２８２９円＋掛金を積み立てるごとに１０５円かかります。さらに事務処理をお願いしている金融機関には毎月66円を支払うことになっています。以上のお金は、ｉＤｅＣｏをやっていくうえで、どうしてもかかってきます。その他口座開設した金融機関で別途管理料や手数料がかかるケースもあります。

・購入できる商品の種類や、自分で困りごとを解決できるかなど前もってチェック

ｉＤｅＣｏで扱われる商品には、投資信託や定期預金、保険があります。元本が運用次第で変動してくる投資信託は、できるだけ運用時の手数料が低いものを選ぶことが重要。一方で元本が保証されている保険や定期預金については、少しでも金利が高くつくものをピックアップしてみるのがいいでしょう。

さらに最近は、ｉＤｅＣｏに限らず、加入手続きから運用開始までオンラインと紙で行う会社も多くなってきました。家にいながらネットでなんでもできるのは、確かに便利ではあります。ただしこれから初めて投資を始める人、疑問やわからないことは誰かに聞きたいタイプの人は、多少手数料が高くても疑問点や不安に感じたことをリアル店舗で聞くことができる金融機関の方がいいかもしれません。

手数料、選べる商品、自分の性格に合うかなどを検討して口座を開設する金融機関を選ぶようにしてください。

余裕ができたらつみたてNISAも始めたい

iDeCoと同じ税制優遇のあるつみたてNISAですが、どんな違いがあるのかを調べてみました。

まずは一般NISAとつみたてNISAの違いについてレクチャーします。いずれも、解約した際に得られる譲渡益（売却益）が非課税になるのは一緒です。20歳以上なら誰でも始められる点も同じです。ただし非課税の期間、非課税枠に該当する商品などが異なります。

たとえばつみたてNISAの非課税枠が40万円であるのに対して、NISAは120万円。さらに非課税となる期間は、つみたてNISAが20年間なのに対し、NISAは5年です。そこから考えると、**NISAは短期で大きな金額を運用したい人に向いている**のに対し、**つみたてNISAは運用額は小さくても長く堅実に運用したい人向け**といえます。NISAとつみたてNISAは、どちらか1つしかできません。もし50代、60代から始めるとなると、一気に大金を運用するのではなく、リスクをできるだけ抑えることが大切なので、つみたてNISAの方が向いているといえるでしょう。

プラスアルファをつみたてNISAで蓄える

老後で必要な資金の基本はiDeCoで蓄えるのが基本ですが、老後の生活でも予期せぬイベントでお金が必要になったり、ちょっと贅沢したいときもあるでしょう。そこでiDeCoと並行してつみたてNISAを始めておくと、老後資金のプラスアルファ分をプールすることができます。

ちなみにこれは50代からつみたてNISAを始めるときの話で、もし20代や30代からつみたてNISAを始める場合は、結婚や住み替えなどこれからやってくるライフイベントの資金として蓄えておくという活用法もあります。

つみたてNISAの魅力は金融庁お墨付きの商品

つみたてNISAにはさまざまな魅力があります。ただ**50代からつみたてNISAを始める場合の最大の魅力は、どの銘柄も安定して運用できるところ**です。

つみたてNISAの商品の大半を占めるのは「インデックス型」と「バランス型」。日経平均株価やTOPIXなどの指標と同じような値動きをするため、初心者にも値動きがわかりやすいのが「**インデックス型**」、日本や海外の株式、不動産、債券に分散して投資できるので、万一なんらかの値が下がってもダメージを抑えることができるのが「**バランス型**」です。

さらに、インデックス型やバランス型よりもやや多くのリターンが期待できますが、うまく運用するために自分で勉強したり、プロに銘柄選定をしてもらうため手数料の高い「**アクティブ型**」などもあります。金融庁のホームページに掲載されている「つみたてNISAの対象商品」を見ると、本書の執筆時点で全21

7商品となっています。

堅実に資産を増やしていけるよう、金融庁があらかじめ決めた要件をクリアした投資信託商品のみをセレクト。アクティブ型の商品であっても短期で運用してハイリターンを狙うような商品は外されているので、初心者でも安心して商品を選べます。

つみたてNISAは運用コストが安く、お金の自由度が高い

つみたてNISAの2つめの特長は、運用中に必要となってくる信託報酬が安かったり、口座を開設した後に必要となる口座管理料がかからなかったりと、**ランニングコストが抑えられる**点です。つみたてNISAは長期にわたって運用することを考えると、細々としたコストがかからないことは大きなポイントといえるでしょう。

iDeCoと違ってつみたてNISAは、途中で積み立てるのが難しい状況になったり、**すぐにお金が必要になったりしたときは、いつでも引き出すことができます。**なので、貯金よりも効率よく増やすことができ、いざというときにすぐに使えるという自由度の高さもメリットといえます。

ただ、裏をかえすと引き出しやすいため、ちょこちょこ出してしまいがちな人の場合は貯まりづらいという面もあります。だから**50歳から老後資金を蓄える場合は、所得控除が優秀なiDeCoで基本的に準備**を行い、子どもにかかるお金が減り、**入金力が高くなってきてからつみたてNISAを始める**のがいいかと思います。そうすることで、不安な老後をちょっとお楽しみが待っている未来に変えることができるのではないかと考えています。

つみたてNISAは年に1度よりも毎月積み立てるのが正解

つみたてNISAは年間に40万円まで非課税で積立できます。ここで注意したいのが、1年に1回40万円ドーンと積立してしまうと、その積み立てられたお金で相場が上昇しているときに投資商品を買ってしまい、その後に下落するリスクがあります。

それを避けるために、毎月積み立てるようにしてください。銀行や大手証券会社の場合はだいたい毎月1000円以上で、1000円単位で積立額を増額できます。一方でネット証券は、100円以上で、1〜100円単位で増額できるところが多いです。

積立のサイクルは毎月が基本ですが、金融機関によっては毎週や毎日積立できるところもあるようです。収入が入ってくるタイミングなどにあわせて積立額や積み立てるタイミングを選べるので、「あと数日で収入が入るけれど、今、NI

SAの積立でまとまったお金を引き落とされると手持ちがない……」と困る心配も少ないでしょう。こういった自由度があるので、長期にわたって無理なく運用しやすいと考えられます。

どこで口座を開くかで手数料が異なるので注意を！

iDeCoとつみたてNISAは同時に口座を開設することができるので、いずれは両方やりたいという場合は、一緒に開設しておくのがいいでしょう。一般的に総合口座を開設するのと同時に、つみたてNISA口座は開設することができます。

一方iDeCoは、送付されてきた書類に記入して返送し、加入審査を経るなど、もうひと手間かかるので少し複雑です。おおよそ書類の取り寄せからiDeCo口座が開設されるまでは、1～2カ月ほどかかると考えておくといいでしょう。

これらの口座ですが、開設すると金融機関に支払う運営管理手数料というものがかかるケースがあります。この運営管理手数料が金融機関選びのポイントの1つになっており、無料のものから数百円かかるものまでいろいろとあります。

また、ひと口に「無料」といっても、誰でも無料のものから、iDeCo口座の残高が50万円以上あるなど一定の条件を満たせば無料というケースまで多様です。1回の運営管理手数料は金額にすると数百円ですが、これが毎月、毎年になると、まとまった額の出費になります。仮に毎月の手数料がトータルで200円だったとして、50歳から65歳までの15年間運用したとすると、支払う運営管理手数料の総額は3万6000円になります。

口座を開設した金融機関の手数料が無料だともっとコストカットできるので、事前に手数料を調べて検討しておくのがいいでしょう。一般的な傾向だと実際の支店を構えている銀行や証券会社よりは、ネットだけで展開している銀行や証券会社などの方が、手数料はリーズナブルなケースが多いようです。

運営管理手数料はサイトなど検索すると出てきますし、iDeCoの各金融機関の運営管理手数料を一覧表にした比較サイトもあるので、一度チェックしてみてください。

総合口座を開設すればどちらの口座も開設できる

では実際に口座を開設するためにどういったものが必要で、どのような手続きになるかを解説します。ここで1つポイントとなるのが、つみたてNISAについて。いきなり2つを始めるのはハードルが高いかもしれませんが、いずれはつみたてNISAも始めたいと考えるなら、一連の手続きで2つの口座を開設できる金融機関を選ぶのがいいでしょう。

金融機関によっては、総合口座の開設時に、同時につみたてNISA、iDe

Ｃｏどちらの口座も開設できるものもあります。金融機関によって細かい開設の流れは異なりますが、楽天証券の場合は、総合口座を開設する過程でＮＩＳＡ口座が必要かを聞いてくる項目があるので、煩雑な手続きを二度やらずに済みます。開設したからといって特に管理料などは発生しないので、とりあえず開設しておいて、しばらく寝かせておくのもアリです。始めたくなったときにすぐに始められるメリットもあります。ちなみにつみたてＮＩＳＡの非課税期間の20年は、購入した投資商品の非課税運用期間が20年間なだけです（２０２４年から恒久化されます）。口座を開設しただけならカウントされません。

口座開設までの手順ですが、ネットでの口座開設が初めての人でも画面のガイドに沿って必要事項を入力していくだけなので簡単に手続きができます。

手続き前に本人確認書類としてマイナンバーカードや免許証などを手元に用意しておくとスムーズです。

スマートフォンでの口座開設

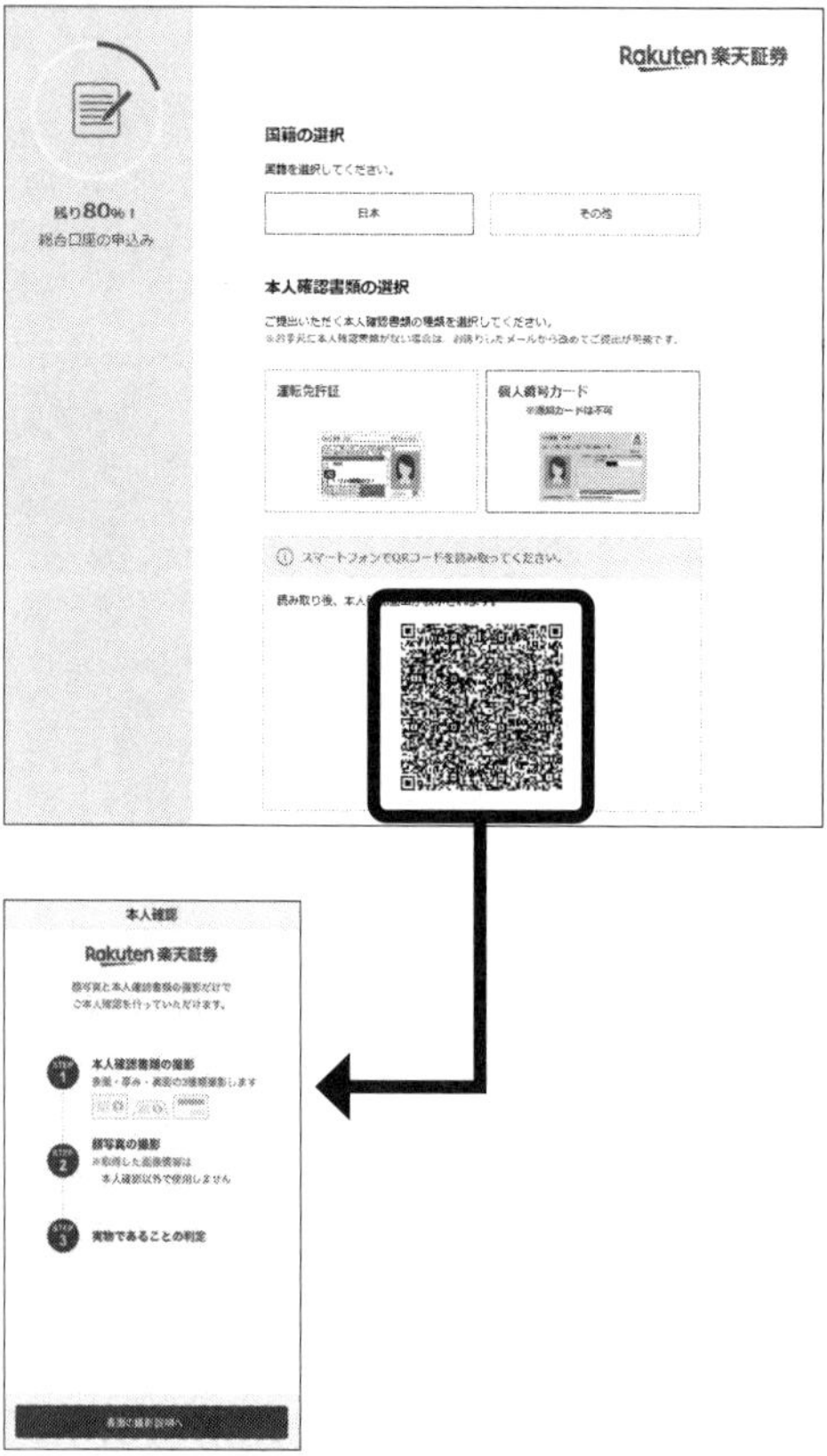

スマートフォンならQRコードを読み込むと、下のような画面が表示されるので、表示にしたがって本人確認書類を撮影、提出すればOK

総合口座を開設する際の必要書類のアップロード方法

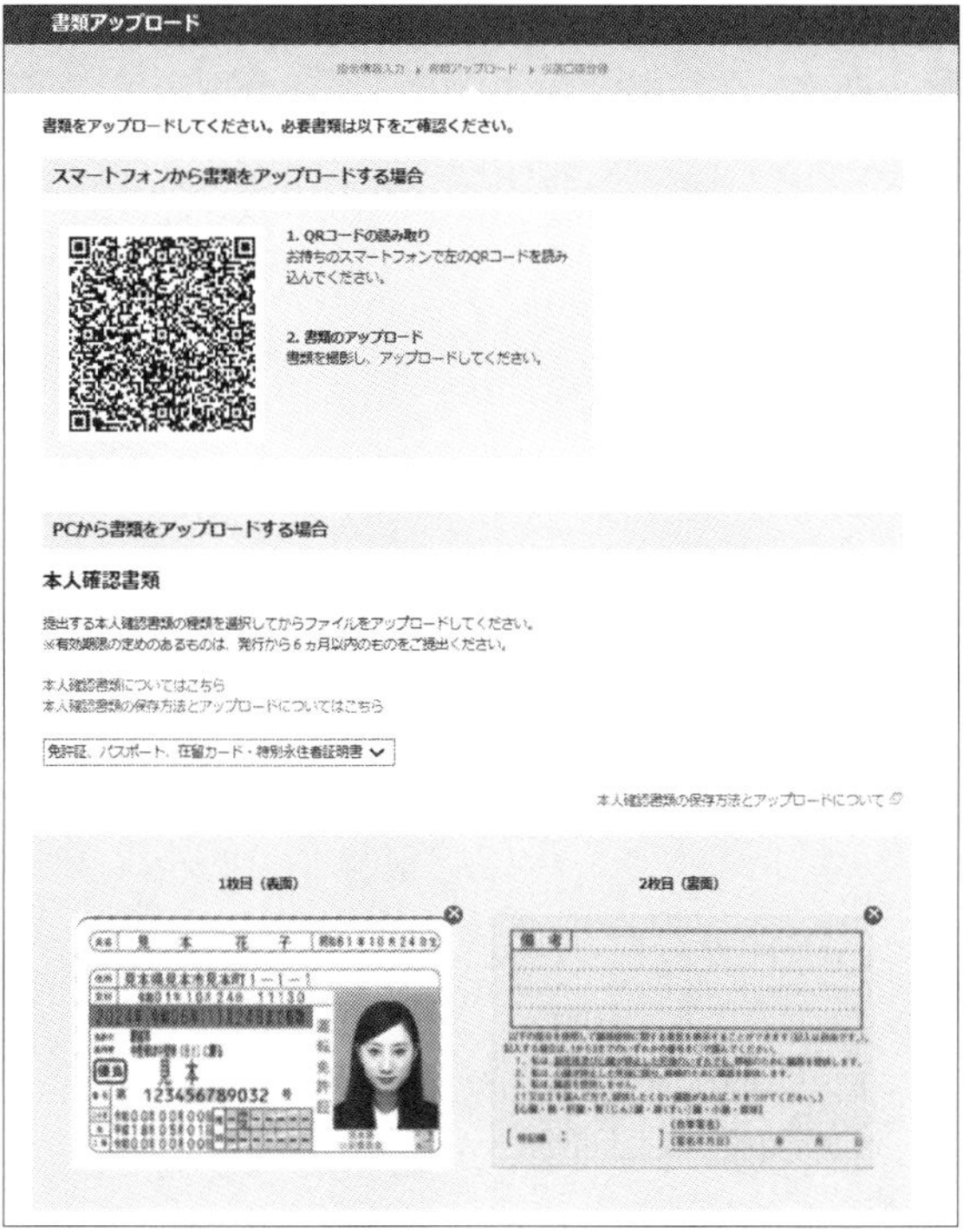

スマホからの場合はQRコードを読み取り、必要書類を撮影して所定の場所へ。PCからの場合は必要書類をスキャンし、所定の場所へアップロードする

iDeCoの場合は紙の書類も必要に

iDeCoの口座を開く場合は、やはり口座を開設したい金融機関にアクセスし、現在の職業など、加入者情報を入力すると、金融機関から申込書が送られてきます。

基本は「個人型年金加入申出書」という書類と、「預金口座振替依頼書兼自動払込利用申込書」というものが届きますが、会社員や公務員の場合は別途事業主の証明書も必要になります。こちらを記入する際、年金番号が必要になるので、年金手帳を手元に用意しておくといいでしょう。

書類の必要箇所にすべての記入が終わったら、金融機関に返送。その後、国民年金基金連合会にて審査が行われます。通常2カ月ほどかかるといわれています。審査を通過すると国民年金基金連合会から個人型年金加入確認通知書と、記録関連運営管理機関からログインIDとパスワードが送られてきます。この際、口座

iDeCoの口座開設

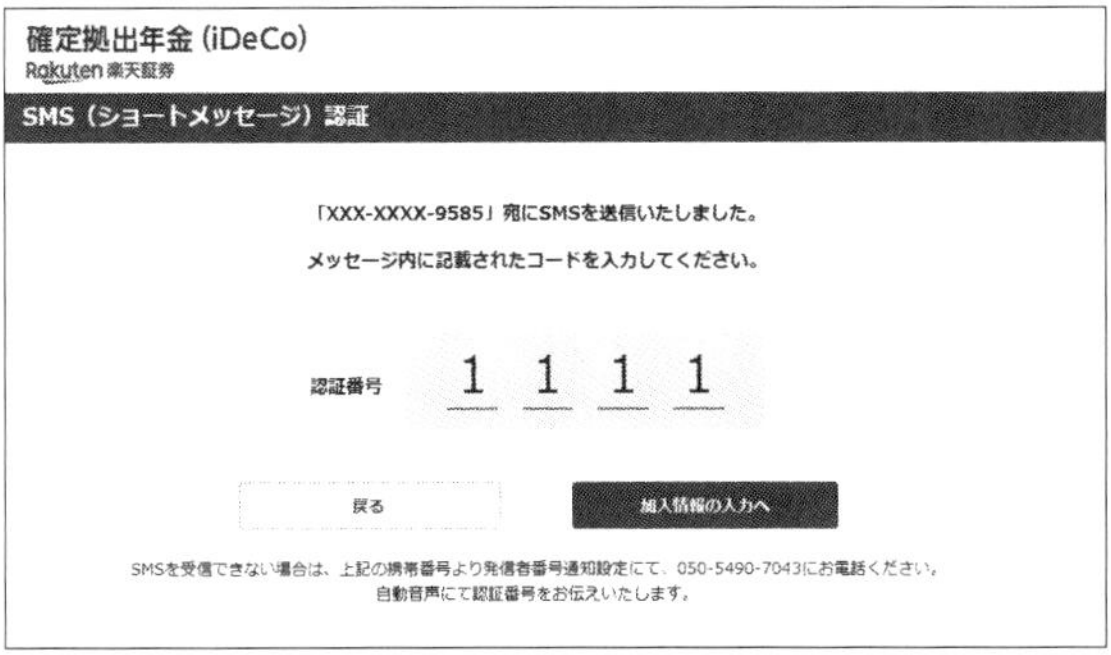
確定拠出年金 (iDeCo)
Rakuten 楽天証券
SMS (ショートメッセージ) 認証
「XXX-XXXX-9585」宛にSMSを送信いたしました。
メッセージ内に記載されたコードを入力してください。
認証番号
1 1 1 1
戻る
加入情報の入力へ
SMSを受信できない場合は、上記の携帯番号より発信者番号通知設定にて、050-5490-7043にお電話ください。
自動音声にて認証番号をお伝えいたします。

楽天証券でiDeCoの口座を開設する場合、ウェブ上で申し込みをした第1号被保険者と第3号被保険者の人には、SMS認証を用いてウェブ上で国民年金基金連合会宛の書類も提出できる

を開設した金融機関からは連絡は来ません。来ないから何か不備があったのかと思う人も多いようですが、来ない＝順当に処理された証拠と考えましょう。

口座を開設した金融機関によっては、国民年金基金連合会に送付する書類もオンライン上でやりとりできるところもあるので、オンライン上ですべて申し込みが完結できるかどうかも口座を開設した金融機関に確認してみてください。

提出書類に不備があると二度手間になるので要注意！

ｉＤｅＣｏの申し込みをする際の要となる「個人型年金加入申出書」ですが、記入する箇所が多いので、不備がないように記入することが大切です。記入漏れがあると何度かやりとりすることになるため、ｉＤｅＣｏを始められるタイミングが遅くなってしまいます。記入方法がわからない場合は、口座を開設した金融機関が作成しているｉＤｅＣｏについて解説したページなどを参照するといいでしょう。申し込み完了後、口座開設した金融機関の口座にアクセスし、投資商品の選択などを行ってください。

①申込者自身が記入する。基礎年金番号は年金手帳を参照し記入する。「連絡先電話番号」は日中に連絡がつく電話番号を記入する。「市区町村コード」は記入不要

②レ点を記入する

③「掛金の納付方法」は別紙「7. 事業主の証明書」の掛金の納付方法を参照し申出者が記入する

④口座名義人等の必要事項を記入する(フリガナも記入)。「金融機関届出印」は2枚目に押印。「金融機関コード」「支店コード」は記入不要

⑤「掛金額区分」はいずれかを選択する。毎月定額納付の場合、拠出年金額は企業年金制度等の加入状況によって異なる。掛金額は1000円単位で記入する

⑥「事業主の証明書」を参照して記入する。登録事業所番号→「6. 連合会への『事業所登録』の有無等」を参照。登録事業所名称→「3. 事業主の署名および押印など」(「5. 申出書を使用している厚生年金適用事業所の住所・名称等」に事業所名称の記載がある場合はそちらを記入する)を参照

⑦「企業年金制度等の加入状況」は別紙「事業主の証明書」の「4. 企業年金制度等の加入状況」を参照し申出者が必ず記入する

⑧レ点を記入する

個人型年金加入申出書の記入方法

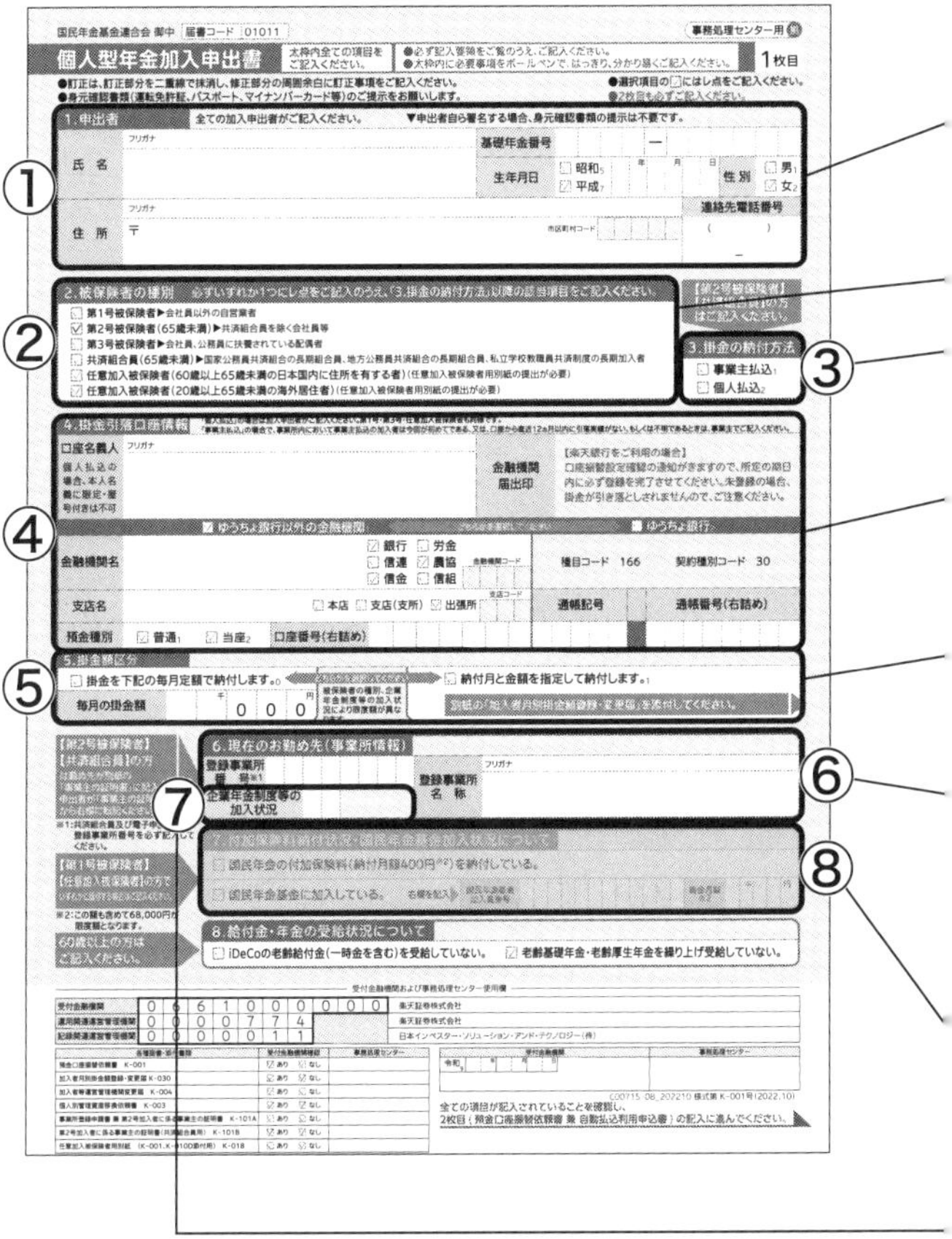

国民年金基金連合会 御中　届書コード 01011　事務処理センター用

個人型年金加入申出書　太枠内全ての項目をご記入ください。
●必ず記入要領をご覧のうえ、ご記入ください。
●太枠内に必要事項をボールペンで、はっきり、分かり易くご記入ください。
1枚目

●訂正は、訂正部分を二重線で抹消し、修正部分の周囲余白に訂正事項をご記入ください。
●身元確認書類（運転免許証、パスポート、マイナンバーカード等）のご提示をお願いします。
●選択項目の□にはレ点をご記入ください。
●2枚目も必ずご記入ください。

①
1. 申出者　全ての加入申出者がご記入ください。　▼申出者自ら署名する場合、身元確認書類の提示は不要です。

氏名　フリガナ　基礎年金番号　生年月日　□昭和5　☑平成7　年　月　日　性別　□男1　☑女2
住所　フリガナ　〒　市区町村コード　連絡先電話番号　（　）　－

②
2. 被保険者の種別　必ずいずれか1つにレ点をご記入のうえ、「3. 掛金の納付方法」以降の該当項目をご記入ください。
□ 第1号被保険者▶会社員以外の自営業者
☑ 第2号被保険者（65歳未満）▶共済組合員を除く会社員等
□ 第3号被保険者▶会社員、公務員に扶養されている配偶者
□ 共済組合員（65歳未満）▶国家公務員共済組合の長期組合員、地方公務員共済組合の長期組合員、私立学校教職員共済制度の長期加入者
□ 任意加入被保険者（60歳以上65歳未満の日本国内に住所を有する者）（任意加入被保険者用別紙の提出が必要）
□ 任意加入被保険者（20歳以上65歳未満の海外居住者）（任意加入被保険者用別紙の提出が必要）

【第2号被保険者】の方はご記入ください。

③
3. 掛金の納付方法
□ 事業主払込1
□ 個人払込2

④
4. 掛金引落口座情報
口座名義人　フリガナ　個人払込の場合、本人名義に限定・屋号付きは不可
金融機関届出印
【楽天銀行をご利用の場合】口座振替設定確認の通知がきますので、所定の期日内に必ず登録を完了させてください。未登録の場合、掛金が引き落としされませんので、ご注意ください。

ゆうちょ銀行以外の金融機関
金融機関名　□銀行　□労金　□信連　□農協　□信金　□信組　金融機関コード
支店名　□本店　□支店（支所）　□出張所　支店コード
預金種別　□普通1　□当座2　口座番号（右詰め）

ゆうちょ銀行
種目コード 166　契約種別コード 30
通帳記号　通帳番号（右詰め）

⑤
5. 掛金額区分
□ 掛金を下記の毎月定額で納付します。0
毎月の掛金額　千　0 0 0 円
被保険者の種別、企業年金制度等の加入状況により限度額が異なります。
□ 納付月と金額を指定して納付します。1
別紙の「加入者月別掛金額登録・変更届」を添付してください。

【第2号被保険者】【共済組合員】の方

⑥
6. 現在のお勤め先（事業所情報）
登録事業所番号※1　登録事業所名称　フリガナ

⑦
企業年金制度等の加入状況

※1：共済組合員及び電子申請の方は登録事業所番号を必ずご記入ください。

【第1号被保険者】【任意加入被保険者】の方

⑧
7. 付加保険料納付状況・国民年金基金加入状況について
□ 国民年金の付加保険料（納付月額400円※2）を納付している。
□ 国民年金基金に加入している。

※2：この額も含めて68,000円が限度額となります。

60歳以上の方はご記入ください。
8. 給付金・年金の受給状況について
□ iDeCoの老齢給付金（一時金を含む）を受給していない。　□ 老齢基礎年金・老齢厚生年金を繰り上げ受給していない。

受付金融機関および事務処理センター使用欄

受付金融機関	0 6 6 1 0 0 0 0 0 0 0	楽天証券株式会社
運用関連運営管理機関	0 0 0 0 7 7 4	楽天証券株式会社
記録関連運営管理機関	0 0 0 0 0 1 1	日本インベスター・ソリューション・アンド・テクノロジー（株）

各種添付書類	受付金融機関確認
預金口座振替依頼書 K-001	☑あり □なし
加入者月別掛金額登録・変更届 K-030	□あり ☑なし
加入者等運営管理機関変更届 K-004	□あり ☑なし
個人別管理資産移換依頼書 K-003	□あり ☑なし
事業所登録申請書 兼 第2号加入者に係る事業主の証明書 K-101A	□あり ☑なし
第2号加入者に係る事業主の証明書（共済組合員用） K-101B	☑あり □なし
任意加入被保険者用別紙（K-001、K-100添付用） K-018	□あり ☑なし

C00715_08_202210 様式第K-001号（2022.10）
全ての項目が記入されていることを確認し、2枚目（預金口座振替依頼書 兼 自動払込利用申込書）の記入に進んでください。

第5章

入金力をアップする節約&副業テクニック

日常生活の中で投資資金を作るプチ工夫

これまで老後の資金を自分たちで作る必要があること、その資金は遅くとも50代から作り始めた方がいいことを解説してきました。その資金を効率的に作る方法として投資があることを紹介し、50代で投資を始める場合の注意点や商品の選び方も伝授しました。

ただ、資金を蓄えるためには、種銭ともいうべき元金が必要になります。すでに入金力が高い50代の人であれば、日々の生活の中から今まで教育資金に回してきた金額などを積立投資に回すことができます。ただ、まだまだ生活資金に余裕がない人もいると思います。

過激なダイエットが続かずにリバウンドするのと同様に、窮屈な節約などをすると、一時的には投資元本が貯まるもののすぐに続かなくなってしまい、結局、取り崩す可能性も高くなります。それでは労力も時間も無駄になってしまうので、今の日常生活にほんの少しだけ工夫を加えることで、資金の元金となるお金を作りやすくする方法を紹介していきたいと思います。

シンプルだけど無理せず節約体質になれる「家計簿」

今はいろいろな節約方法がありますが、節約体質になるために、私がとってもいいと思うのは家計簿です。ただ、家計簿という言葉を見たときに、「やっぱりそうか」や「わかってはいるけれど……」と感じた人も多いと思います。地道という印象が強いのは否めませんが、実際、私は家計簿によって無理なく節約体質に変化できたので、効果は実証済みです。

最初は万一の際に使える現金、「生活防衛資金」をいくらプールしておけばいいか、それを算出するために1カ月分の家計簿をとりあえずつけてみようと思ったのがきっかけでした。家計簿をつけたことで、節約することができるようになり、それがＦＩＲＥに近づく大きな一歩になったと感じています。よく年始などに「よし今年は家計簿をつけよう！」と始める人がいると思います。でも途中でやめてしまうという人もいらっしゃるようです。

確かに時間を割いてつけるほどの効果を感じられなければ、つけるのが億劫になってしまいますよね。家計簿のルールは人によって違うと思います。そもそも記録として後から読み返してもみやすいよう、キレイに、後から見てわかりやすいように書きたい、日記代わりになるようにつけたいという人もいるかもしれません。でもとりあえず老後の資金の元金を作るために始めるのなら、目的を絞った方が、長く続くと思います。

家計簿をつけることで得られる大きなメリットは２つ

家計簿をつけることで得られるメリットの１つに**「家計内の支出がわかりやす**

くなる」というのがあります。自ら家計簿をつけると支出1つずつの背景を具体的に振り返ることができるようになるのです。たとえばワインを1本買ったとします。それを家計簿につけると「財布にたしか1万円はいっていたはずなのに、いつの間に崩したんだろう？」と、使途不明金が出てくる率を大幅に減らすことができます。

さらに家計簿をつけることのメリットの2つめとして「**ゲーム感覚で節約を楽しめる**」という点があります。先ほどのワインを1本買った記録をみながら、いつ・どんな手段で・どのような目的（決断）で買うことになったのかを思い出して振り返る習慣をつけるようにします。そうすると「先月はこういったことで買い物が増えてしまったが、今月はワインの支出を●●円に抑えよう」など、何をいくら節約するかの目標がはっきりしてくるので、節約しやすくなります。

そして目標を達成できると、また目標を立ててクリアしたくなる、というサイクルが形成され、ゲームをクリアしていく感覚で節約することができるようになるというわけです。

家計簿は家ではなく買い物の直後につけることで手間ラクに

今や家計簿をつけるのにも、いろいろな方法があります。かつて多かったのはノートに1つずつ買い物した品目と値段を日ごとに記入したり、レシートを添付したりというやり方でした。今ドキで私もやっていたのは、「マネーフォワードME」や「らくな家計簿」などのスマホ用家計簿アプリを使う方法です。

これだと購入してすぐに記録をつけることができるので、忘れたり紛失したりする心配がありません。日用品はクレジットカードで支払うことが多いという人は、**アプリとよく使うクレジットカードを連動させておくと、手で入力しなくても自動で家計簿に反映させることができます**（※ただし全部のアプリで対応可能かはわからないので、事前にアプリの機能を自分で確認してください）。

おすすめ家計簿アプリ

●マネーフォワード ME

レシートを撮影するだけで金額や費目を自動入力してくれるほか、クレジットカードと連携する機能もついているので手間なく入力できます。もちろん手入力も OK（資料、画像提供／株式会社マネーフォワード）

●らくな家計簿

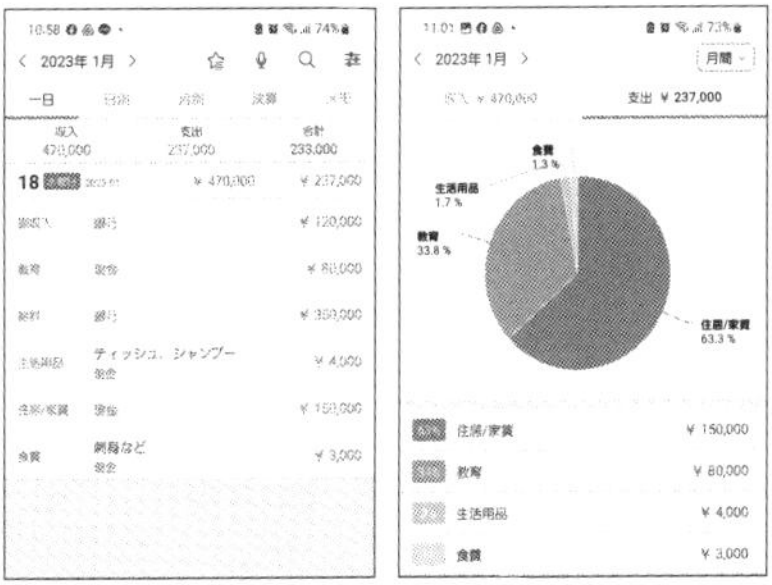

収入、支出、振替ごとに金額を入れ、あとはアプリの質問に回答する形で入力するだけで家計簿をつけることができます。使い方がシンプルなので、買い物直後につけやすいのも特長（資料提供／ Real Byte）

積極的に節約するなら家計簿をもっと活用すべし

たまにいるのが家計簿をつけて満足してしまうタイプ。ただ家計簿をつけただけだと、お金に対する意識はある程度高まるかもしれませんが、前向きな節約の方法までは見いだせないでしょう。そこで、せっかくつけた家計簿の上手な活用の仕方を紹介したいと思います。

・家計簿を活用して上手に節約するには、目標の立て方とごまかし方が大切

自分でつけた家計簿をうまく活用するために大切なことは、それほど複雑ではありません。いろいろな考え方があるので、家計簿兼日記帳のようにその日の状況などをメモしておいた方がいいという人もいるかもしれません。ただ、いろいろ書き込むことが増えるとなると、グッとめんどうくささが先に立ってくる人も多いと思います。そんな人たちのために提案したいポイントは2つ。それが目標

の立て方と手の抜き方です。

・1カ月に使っていいお金の目標額を決定

自分を奮起させるにはやはり目標が必要です。そこで1カ月の生活費の目標を決めましょう。ここで注意したいのが、クリアするのがきわめて難しい目標を立てないことです。たとえば今まで生活費10万円でやっていた人が、いきなり半額の5万円に抑えるのは、かなり難しいでしょう。このようにできない目標を立ててクリアできなかった場合、モチベーションも下がってしまいます。まずは先月よりもマイナス1万円など、叶えられそうな目標を立てるのがコツです。

・さらに1日のうちで使っていいお金の上限を知っておく

次に1日単位で使える生活費の目標を決めます。この場合、スマホ代や水道、ガスなど1カ月単位でまとめて払う固定費は、支出してもいい金額から引いておきます。そして残った金額を30日分で割った金額が、1日の支出可能な金額となります。

仮に1カ月に支出してもいい上限を10万円、1カ月の固定費（家賃除く）が1万円とします。そうなると10万円－1万円＝9万円なので、9万円を30で割った数字、3000円が1日の支出上限になります。この3000円を超えないように1日を過ごすように努めます。うまく抑えた日は余剰金がでる場合もあると思います。その余剰金を増やしたいがために、より節約に力が入るという効果もあります。

・買い出しデーや休日などで目標をオーバーする場合はうまく「ごまかす」

特売の日にまとめ買いをする人や、住んでいるエリアの特性でスーパーに行けるのが週に1〜2日しかないので1週間分の買い物をするという人もいるでしょう。1日の支出上限が3000円だった場合、そういったケースでは、3000円に抑えるのは無理があります。そこで、上記で紹介した余剰金をあてるのがいいでしょう。

家計簿をつけ始めたばかりで余剰金がないという人は、1日単位ではなく、その前後あわせて2日間もしくは3日間内で帳尻があえばOKという考え方をして、日割りの目標をクリアしていくのがいいと思います。ごまかしといえばそれまでですが、「今日、目標をクリアできなかった」と落胆するよりも、上手に目標をごまかすことで節約を楽しく長くできるなら、ごまかしもアリだと私は考えています。

このようにカツカツにキリツメなくても、普段の生活でちょっとお金のことを考えたり、ゆるめの目標でも立てて達成する喜びを味わう、日々の心がけで「**節約の習慣化**」ができてくるようになります。

ベースを見直すことで「節約のしくみ化」にも着手

毎日の生活の中でちょっとずつ意識する「節約の習慣化」に加えてやってほしいのが、「**節約のしくみ化**」です。言葉だけだとわかりづらいのですが、保険や通信費、光熱費など、いわゆる固定費の見直しです。これらは日々意識することでも費用を抑える効果は多少ありますが、ベースとなる契約プランを一度見直すことで、常に意識しなくても費用を抑えられる可能性があります。

節約のしくみ化ができる費目の代表的なものとして通信費があります。今、毎月どのくらい支払っているかがわからない場合は、一度プランの見直しをしてみるといいでしょう。特に早めにガラケーからスマホに乗り換えている場合、当時加入したプランと今の自分の使い方が合っていないために、無駄になっている部分があるかもしれません。

また、今はいろいろな格安スマホのプランがあります。出始めの頃はつながりづらいこともありましたが、今は安定した通信環境を持つ大手3社からも格安プランが発表されています。どんな料金体系か、どういった人に向いているプランなのかを調べたり、店舗で聞いてみるのもいいでしょう。

次に節約のしくみ化でコストを削減できるのが保険です。保険も通信費同様に、どのような保険に加入し、その保険にどんなサービスがついているかを把握できていない場合は、一度サービス内容を含めて検討してみてください。

自動車保険のように、事故に遭う確率は高くはないものの、加害者になった場合に保険なしではカバーできないため入っておかないといけないものもありますが、生命保険は加入した当時と、今の状況や生活スタイル、家族構成も変わっていることが多いため、自分のライフスタイルに合わせて保険を見直しましょう。加入し続けて万一の際に保険料が支払われてもあまり生活に影響がない場合や、不要と判断した場合は解約するなどして整理してみてください。

私自身も社会人になりたての頃、よくわからずに加入した保険がありましたが、後から見直したところ不要だったり、積立年金保険なら積立投資した方がお金を増やせるなどということがわかってきたので、解約したものもありました。解約する際に元本割れしないか気になる人もいるでしょう。そのときは利回りに注目します。利回りが5％以下であれば解約し、そのお金をインデックス投信などにあててお金を増やしていく方が効率的です。

節約のしくみ化ができるものとして固定費を例に説明しましたが、固定費以外でもしくみ化できるものはあります。たとえば電力も自由化されたので、価格やサービス内容を見て契約先を変更することで根本からお金を削減できる場合があります。さらに決済方法も該当します。支払い金額によってポイントが付与されるクレジットカードやキャッシュレス決済を利用した場合、毎回現金で支払うよりもお得になるので、一種の節約のしくみ化につながります。すべて一挙にしくみ化するのは大変なので、できる部分から始めてみるといいでしょう。

家計簿をきっかけに2本立ての「節約」をして入金力を高める

節約のしくみ化に取り組むことで、固定費を始めとした根本のお金の節約ができるので、家計簿に書き込む支出の数字が変わり、その変化にうれしさを感じられると思います。

また家計簿をしばらく続けていくと、おのずとどうやって支出を抑えたらいいかが身につき、つけた家計簿を振り返って次なる目標を考えるという行動ができるようになります。現に私も今は家計簿をつけていませんが、つける前とは違って自然と支出を抑える行動ができるようになったと感じています。

「ずっとつけ続けないといけない」と思うと大変に感じますが、「卒業」できる日がくるので、一度つけてみてください。

普段の行動にひと手間加えるだけでポイントを稼げる「ポイ活」

ポイ活と聞いて、「○○のポイント、貯めている！」と思った人もいることでしょう。昭和の頃は、それぞれの店で貯められるポイントが異なっていましたが、今は別のお店を利用しても同一のポイントを貯めることができるので、便利になったと思います。

今回は、普段の買い物でちょっと得するポイ活からもう1、2歩踏み込み、老後の資金を作るための元金を蓄えられるようにするポイ活を紹介しましょう。初心者でも始めやすいポイ活。まずはどんな活動なのか、そしてポイ活をなぜおすすめするのかというのを、私の実体験をもとにお伝えできればと思います。

そもそも世の中にはポイントサイトというものが存在します。いろいろなサイトがあり、ポイントタウン byGMOとかハピタスとかECナビなど、実際に私自身もいろいろなサイトを使ってきました。

主なポイントサイト

●ポイントタウン by GMO https://www.pointtown.com/

ポイントを入手できる方法が豊富で少額から換金できる

●ECナビ https://ecnavi.jp/

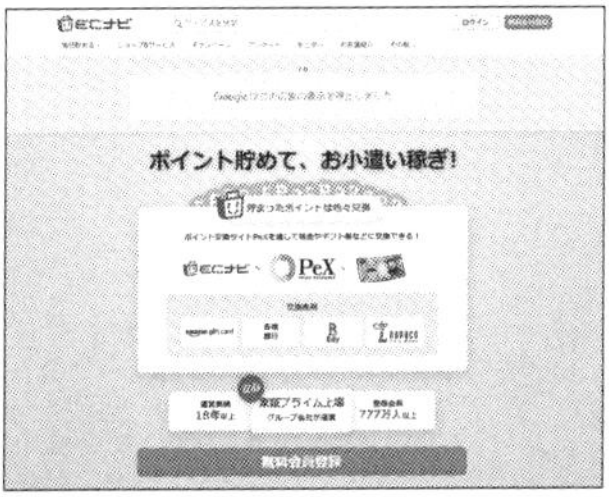

dポイント、PayPayポイント、Tポイントなど多様なポイントを効率よく貯められる

●ハピタス https://hapitas.jp/

1ポイント＝1円とわかりやすく、ポイント交換手数料が無料なので初心者向き

そして特徴的なのが、クレジットカードやＮｅｔｆｌｉｘ、Ｈｕｌｕといった動画配信サービスなどにポイントサイト経由で申し込むと、独自に付与されるポイントがもらえます。この独自のポイントは普通にポイントとして使うことは難しいのですが、このポイント自体を1円1ポイントなどの形で現金やアマゾンギフト券に交換することができます。

つまり、もしクレジットカードを作りたいと思ったときはポイントサイトから入ってお目当てのクレジットカードを作ると、既定のポイントを貯められるしくみです。たとえば普通に楽天カードに申し込んで作ると大きな特典はないけれど、ポイントサイト経由で楽天カードを作ると、楽天ポイント４０００ポイントがもらえるという感じです。それを1円1ポイントで現金に交換すると、結果的にポイントを稼ぐ＝現金を稼ぐことになります。

方法によっては、稼ぐことができるのがポイ活です。

必ず成果につながるから最初にやるならポイ活

ポイ活は、やれば必ず成果が出るという特長があります。ポイ活に限らずですが、何かを初めてやる人にとって成功体験を積むことはとても大切です。そしてこの成功体験を積み重ねることで「ポイ活って楽しいな」と思い、自らすすんでポイ活するようになります。

もし、その後に余力があったり、他のプチ工夫や副業をやってみたいという場合は、収益があがるまでに少し時間がかかるブログや、動画を撮ってアップするという方法にトライしてもいいかもしれません。

やはり何事も最初が肝心なので、成果がすぐにわかる「ポイ活」から始めてみるのがいいと思います。

怪しい?! ポイ活でお得を享受できるしくみ

たまにクレジットカード会社側でも「今、カードを作ると5000ポイントプレゼント」というキャンペーンをやっていることがあります。こういったカード会社が独自にやっているキャンペーンの他に、ポイントサイト内でやっている特典ポイントが付与されるため「ポイントの二重取り」ができるというのもポイ活をおすすめしたい理由の1つです。ポイ活を通してクレジットカードを作るとおよそ4000円から1万円分ぐらいのポイントが入手できます。

しかしこんな話をすると「あとから何か加入させられたりするかも」「詐欺みたい」と心配する人もいるでしょう。そこで、ポイントサイトのしくみをご紹介します。

たとえばクレジットカードの場合、カード会社は自社のカードを発行して欲しいと考えています。そこでポイントサイトにお金を払い、代わりにカードを発行してくれそうな人を紹介してもらいます。

一方でクレジットカードを実際に作りたいユーザーは、ポイントサイトでよく取り上げられているのを見て「結構おすすめしているし、カードを作ろうかな」と思って、実際にカードを作ります。カード会社は、ポイントサイトに「カードを作ってくれる人を紹介してくれてありがとう」ということで報酬を支払っているのです。

一見、怪しそうに感じるポイントサイトの流れとしくみですが、まっとうな広告ビジネスモデルです。少なくとも今まで私が6個ぐらい使ってきたポイントサイト、たとえばハピタス、ポイントタウンであれば、私がやり始めて以降、トラブルはないので、気持ちよくポイ活することができます。

ポイ活で2万円以上稼げる?! 第一歩はサイトへの登録から

ポイ活のしくみがどんなものか、なぜ特典を受けることができるのかがわかったところで、実際に2万5000円稼ぐ方法について紹介します。実際のポイントサイトを例にあげて説明するとわかりやすいため、私が実際に活用していた「ハピタス (https://hapitas.jp/)」というサイトを例に出して解説します。

まず、ハピタスのサイトにアクセスします。ページを開くと、ハピタスの登録画面が出るので、ここの「会員登録する」というボタンをクリックします。メールアドレスを入力する欄が出てくるので、登録したいメールアドレスを入力します。あとはガイドに沿ってニックネームや性別などを入力し、会員登録をしましょう。途中で「ハピタスのお得な情報」のメールが欲しいか聞かれますが、欲しい人はチェックを入れておくとよいでしょう。

ポイントサイトのトップ画面を再度立ち上げ、ログインします。ログインしな

クレジットカードを作ってポイントをもらう場合は…

検索窓で作りたいカード名を入力して検索ボタンを押すと、検索結果が表示される。その中から該当するカードのページ内にある「ポイントを貯める」ボタンを押してカードを作ると、ハピタス独自のポイントを獲得できる

くても使えるサイトがありますが、必ずログインした状態で使うように注意してください。

では、仮にクレジットカードを作ってポイ活をするとします。ポイントサイトの検索ボタンを押して、自分の作りたいカードがあるかを確認。そのカードがみつかったらクリックします。今回の条件でもらえるポイントが明示される画面が出てくるので、何ポイントもらえるかを確認しておきましょう。

そしてポイント数を確認した後、その近くに「ポイントを貯める」というボタンがあるので、押すとクレジットカードの発行手続きへと進めるようになっています。

このような手順でクレジットカードの発行手続きをしていくと、クレジットカード発行が完了したら、「発行してくれてありがとう」という意味合いでポイントサイトから事前に確認したポイントがもらえることになります。さらに、そのカード独自でやっているキャンペーンで通常よりもポイントが多くもらえる場合は、それもプラスされてもらえるので、ポイントの二重取りができます。

「ハピタス」の登録方法

ポイ活サイトへの登録は簡単。例としてハピタスへの無料会員登録の方法を紹介します。

① ハピタスのサイトにアクセス

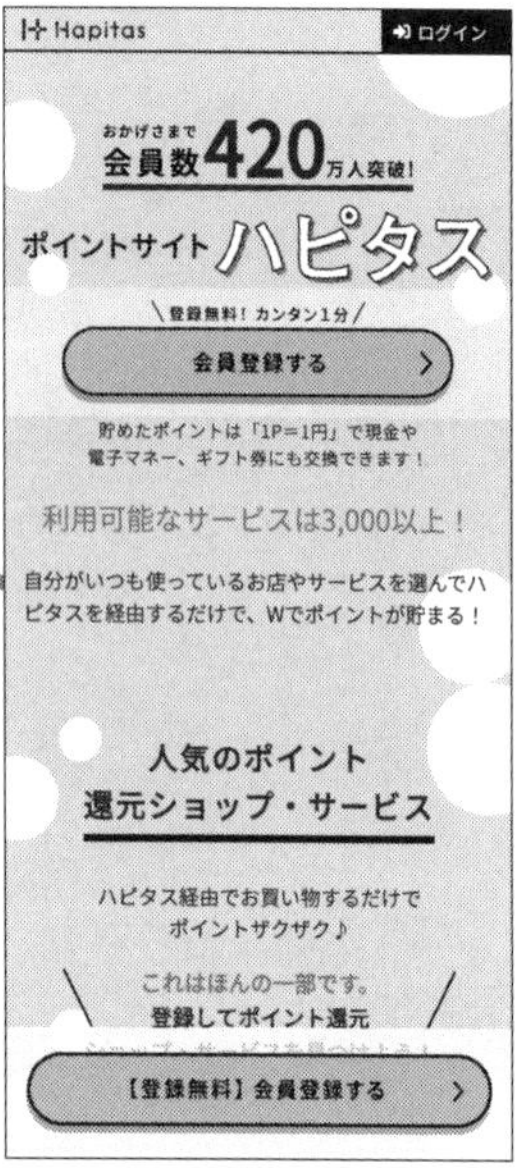

② メールアドレスを入力

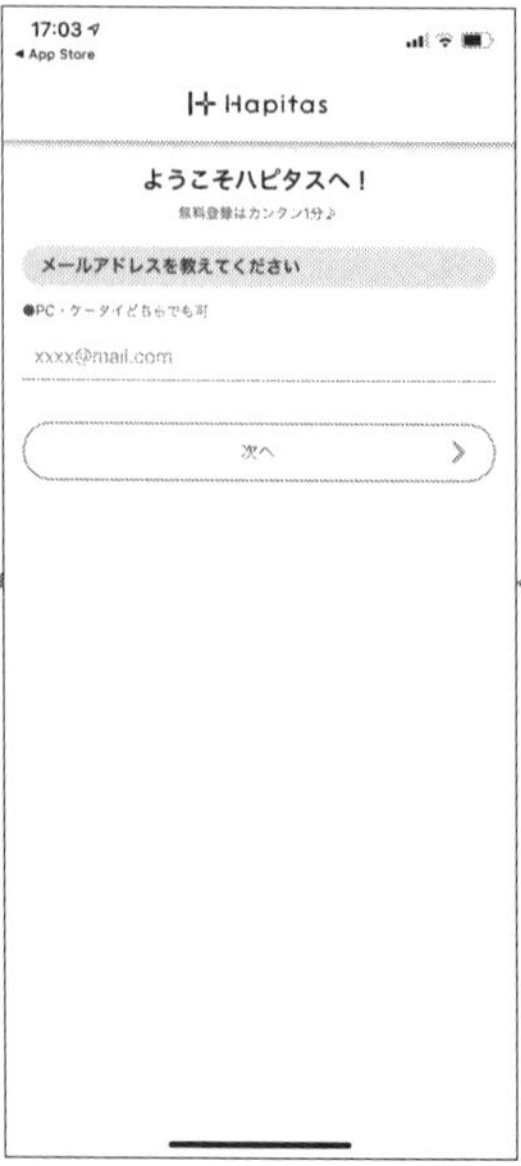

ハピタスへの登録（無料）はこちら
https://hapitas.jp/

1分でできるポイ活

③ 性別や生年月日、職業などを選択

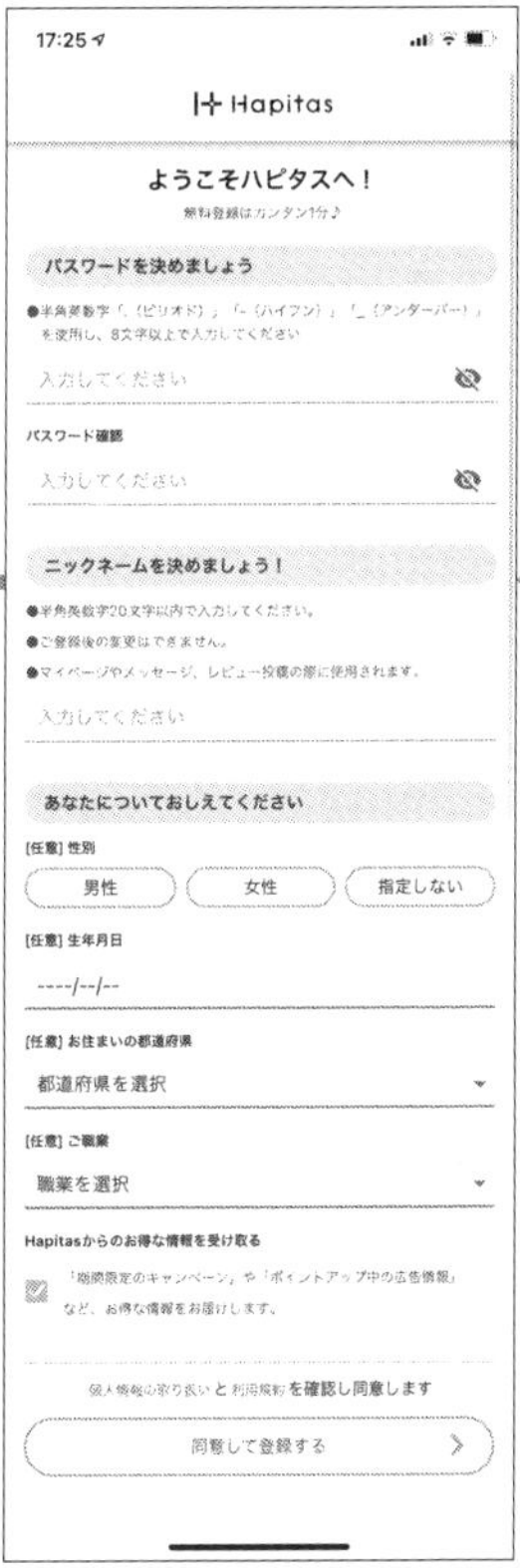

④ 登録完了！

※登録特典のポイント数は2023年2月現在の内容です。以後、変更になることもあります。

手続き時のちょっとした手違いでポイントが入らないことも

ただし注意していただきたいこともあります。ポイントサイトにまずログイン↓ポイントを貯めるボタンを押す↓クレジットカードを発行するという流れが正しいのですが、ポイントを貯めるというボタンを押した後に、新しくタブを開いて目当てのクレジットカードを検索し、その違うタブで開いた画面から発行してしまうと、ポイントサイト分のポイントは付与されません。同じタブ内でポイントサイトのログインからカードの発行手続き完了まで進めるのがとても重要です。

そのほか、クレジットカードの発行でポイ活する場合に注意したいのが、ポイントがもらえるまでの日数です。カードの受け取りが申し込み完了から1カ月以上後の場合が多いです。ポイントサイトを経由して実際にポイントをもらえるまでにはタイムラグがあるので、要注意です。そのため申し込んだ直後に入るポイントをあてにして、何かを購入しようと計画してしまうと、ポイントが足りないというケースがあります。そのポイントを使って何か買いたいときは、直近ではなく、ちょっと先の予定として考えておいた方がいいでしょう。

また、とても大切なのに意外と読み飛ばされがちなのが、ポイント獲得条件。きちんと条件に目を通し、条件をクリアしているか、もしくはクリアできそうかをジャッジしてから申し込むようにしてください。たとえば代表的なものとしては、「カード発行後に、1回でも商品を買うために利用したらポイントが付与される」というものがあります。もちろんカードによってポイント獲得条件というのは変わってくるので、申し込む前に確認しましょう。

貯めたポイントはAmazonギフト券や現金などに換えて活用

貯めたポイントは、Amazonギフト券やdポイント、楽天ポイントなどに還元できます。ちなみに還元率がいいのはAmazonギフト券。それ以外に現金に換えることも可能です。ハピタス内でもらったポイントは1ポイント1円で交換できます。

発行するカードのポイント付与率にもよりますが、私が考えるに、おおよそ3枚作ると2万円相当のポイントがもらうことができます。それならば3枚といわずもっとクレジットカードを作って、たくさんのポイントをもらいたいと考える人もいらっしゃるでしょう。

ただしそれはNGです。「6カ月間で最多3枚まで」というクレジットカードの発行ルールをぜひ守っていただきたいと思います。人によって異なりますが、特定期間内にたくさんのクレジットカードを発行すると、信用機関から「短期間にたくさんクレジットカードを発行しているのは、お金が足りていないからではないか」と思われてしまい、信用管理情報に傷がついてしまうリスクがあります。

そうなると、万一借入したいとなっても断られるなどの不具合が生じることもあります。「6カ月で最多3枚まで」というのも年収400万円のサラリーマン時代の私にとって問題なくクリアできる基準として設定したものです。人によってどの程度で信用情報にかかわるかは異なります。また、一般的にサラリーマンより個人事業主の方が信用力が低めなので、そのあたりを考慮してマイルールを設定してみてください。

どのカードを申し込むとポイント還元率がいいかは、それぞれのカード会社のキャンペーン時期によって異なるので、申し込む前に情報収集をしておくといいでしょう。その際に確認したいのがカードの年会費。年会費無料のものもありますが、年会費として1万円以上かかるものもあります。たとえば発行すると1枚につき2万円強相当のポイントがもらえるものの、年会費が1万円以上かかるものもあります。もらえるポイントと年会費、そして途中契約解除する場合のペナルティの有無なども併せて調べるといいでしょう。

税控除も受けられ、心を満足させられるふるさと納税

今は関連サイトのＣＭも頻繁に流れているふるさと納税。気になってはいるものの、メリットもデメリットも詳しくわかっていないという未経験の人に向けて、基礎知識を解説します。

ふるさと納税とは、簡単にいうと自分の好きな都道府県や市区町村にお金を寄付することで、所得税や住民税の控除を受けられる制度です。年収によって上限額が決まっていて、ちなみに年収４００万円の人は上限額が約４万３０００円です。自分の上限額を知りたい場合は、「ふるなび」(https://furunavi.jp/) を始めとしたふるさと納税サイトにある「上限額シミュレーション」などで確認することができます。たとえば上限額が４万３０００円の人が、４万円をふるさと納税したとしましょう。４万円のうち、２０００円は事務手数料に消えるため、３万８０００円分が控除対象となります。

ふるさと納税サイトの上限額シミュレーション

ふるさと納税サイトでは、ふるさと納税の上限額を簡単に確認できます。今回は例として、ふるなびで上限額シミュレーションを行った

①ふるなび（https://furunavi.jp/）にアクセスし、「上限額シミュレーション」を押す

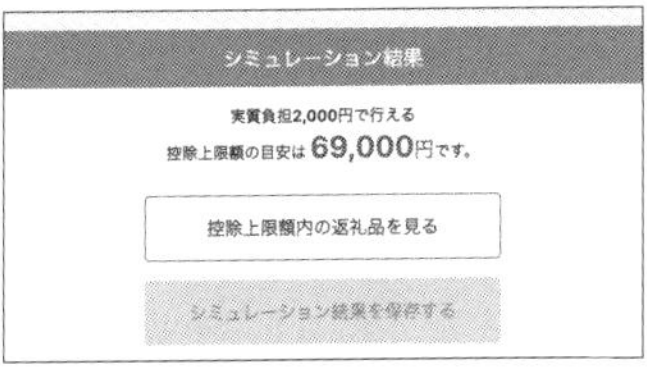

②年収や配偶者の有無を入力すると上限金額を表示

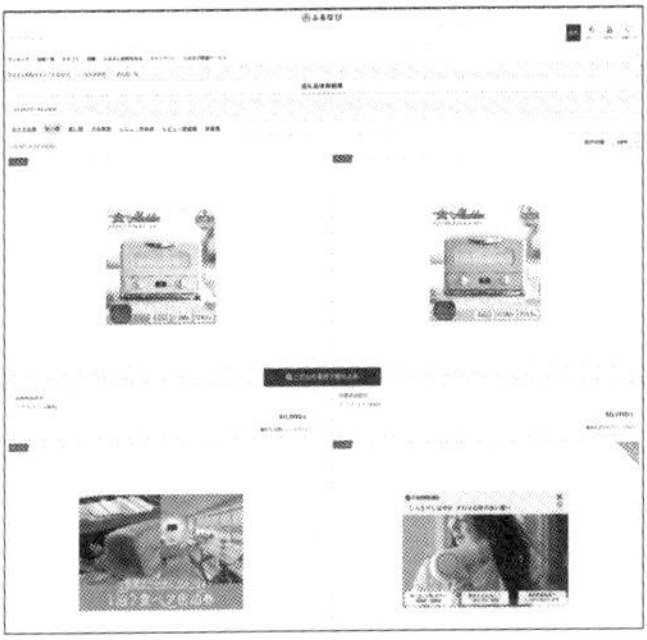

③上限額内で受け取れる返礼品も見られて便利

さらに自分で好きな自治体を選んでふるさと納税することで、その自治体が独自に出している返礼品をもらうことができます。返礼品は、納税額の最大30％相当までとなっています。事務手数料2000円を差し引かれたとしてもお得ということで、多くの人が活用しています。どこの自治体でどんな返礼品がもらえるかは、前述したふるなびなどふるさと納税の総合サイトで紹介されているので、ぜひ一度チェックを。

返礼品だけをクローズアップして考えるととてもお得に感じますが、事務手数料の2000円分が取られるため、金銭的には損をします。また、上限を超えた額をふるさと納税した場合、超えて納税した分に関しては税控除の対象にはなりません。無駄になってしまうので注意してください。

それと、もうひとつ注意したい点があります。住民税の控除を受けるためにはいくつか手続きが必要になります。まずは**確定申告**です。ただ確定申告＝煩雑で大変という認識を持っている人も少なくないかもしれません。そういった人のために、**ワンストップ特例**という制度があります。

このワンストップ特例は、ふるさと納税先の自治体から送られてきた封筒に入っている書類に記入して返送すれば、**確定申告をしなくても翌年の住民税の控除が受けられる**とても便利な制度です。ただ、全員が利用できるわけではありません。会社員など給与をもらっている人で、ふるさと納税をしているところが全部で5カ所以内のときに限り利用できます。ちなみに1つの自治体に複数回納税し、その都度違う返礼品を受け取ったとしても、ふるさと納税先は1カ所とカウントされます。

ワンストップ特例の注意点としては、ふるさと納税した先の役場に「寄付金税額控除に係る申告特例申請書」という書類を提出する必要があります。提出期限は、ふるさと納税をした翌年の1月10日必着となっています。書類は総務省や各自治体のホームページなどからダウンロードが可能です。

第6章

人生を暗くするNGなお金の増やし方や生活の工夫

運用年数が短いとどういうリスクがあるかを把握する

老後の生活を豊かなものにするために、50代からお金を賢く増やせる投資信託や、ちょっとした工夫でお金を節約できる方法などを紹介してきました。でも、これらの方法にもやり方を間違えてしまうと逆効果になってしまうものがあります。これまで述べてきたように、20代や30代であればお金の増やし方を失敗したとしてもリカバリーがききますが、50代ともなると財力も気力もダメージを負った場合、立て直すのが難しい状況になります。

そういった状況にならないよう、50代が注意したい人生を暗くしてしまうお金の増やし方についても解説していきます。

まず、50代のお金を取り巻く環境について考えてみましょう。50代から投資をする場合、運用年数が短いという特徴があります。たとえばひとつの株に集中投資して1回暴落が起きても、運用年数が長ければ再び値上がりするのを待つこともできます。でも投資年数が10年とか15年の場合、その時間が取れません。そういった危機を回避するためには、まず、最大効率を狙いすぎる投資はしないことが大事です。

50代の場合、今までコツコツと積立を行っていた人も多いと思います。ただ、投資の勉強を一度し始めると、老後のためにお金を蓄えて残すという最終目的を忘れてしまい、「お金を増やす」というベクトルに集中しすぎてしまう傾向にあります。**いろいろな情報を収集しすぎて、想定外のものに投資したり、低リスクな積立投資という軸からぶれた投資を行い失敗してしまう**というのです。

これは投資を始めた人がよくたどる足跡でもあります。最初は安定した投資をするものの、いろいろと学ぶうちにハイリスク・ハイリターンな投資に興味を持ち、実際やってみるもののやっぱり再び低リスクで堅実な投資に落ち着くという流れです。私自身も経験しました。こういった経験も若ければいいですが、50代だと失敗してから学ぶほど年月に余裕はありません。だからこそ最初から堅実な投資を行うことが非常に重要になってきます。

無理せず増やしたい額に到達できる年利の投資先を選択

老後の生活のために増やさないといけない金額がわかったら、その金額にあわせた投資方法を選びます。年利3〜7%のハイリターンな投資先でなくても、1〜2%ぐらい利率がついていれば増やしたい額に到達できそうという人もいるでしょう。

インデックス投資の平均リターンというのは3〜7%。でも**年利1〜2%で目標額に到達できるのであれば、暴落リスクのあるインデックス投資を選択するのはNG**です。こういった場合は、100%投資するのではなく、年利1〜2%でいいのであれば資産の半分は貯金、資産の半分は株式と、こういうふうに分けることでリスクを避けつつ、お金を堅実に増やすことができます。万一、株式が暴落しても半分は貯金なので、暴落時期はインデックス投資分を切り崩さずに、貯金から生活費を賄うということも充分可能です。

このように、あらかじめ自分にどのようなリスクをとる必要があるかを試算すること、その中でインデックス100%という投資方法が最良というわけではないことを認識しておくことが大切です。

高すぎる利回りの投資商品にも要注意

前述したことと重複している部分はありますが、50代の投資としてやってはいけないのが、**高すぎる利回りへの投資**です。

50代の中には、子育てを卒業し、ようやく入金力が上がってきた人もいます。

一方で、漠然とした将来の不安があります。こういうときに近づいてくるのがやばい商品をお勧めしてくる詐欺師です。

たとえば「毎月5％の配当金が確実にもらえます」というような投資商品です。この怪しさを早く直感的にわかるようになっていただきたいと思います。相手からしてみると、子育てが終わって入金力が高くなっている一方、老後の不安が差し迫ってきている50代は、絶好のカモです。また、突然お金のことを言われると、普段からお金の勉強をしている人でも煽られて冷静な判断をするのが難しいという面があります。

そういった怪しい話にひっかからないようにするためには、ばっさり切ることが大切。とっさに考えるのは難しいので、前もって「年利7％以上をうたっている商品には手を出さない」などのルールを決めておくのがいいでしょう。

また**元本保証型で年利5％というのも絶対NG**。本来、「元本保証」がついた瞬間に、利回りというのはかなり低くなるので、5％というのはかなり怪しいと思ってください。

手数料が高い商品も避けたいものの1つ

次に、**安心安全をうたった手数料が高い商品**はやめましょう。よく「50歳からの適切な資産バランスで投資する老後に向けた安心のパック」のような商品があります。要はいろいろな商品にプロが分散してうまく投資をしていくことで、安定したポートフォリオを目指すという内容の商品ですが、私の経験上、あまり良いものを見かけたことがありません。

またそれ以外に、「**毎月分配型の投資信託**」という商品も結構オススメされやすいです。でも「毎月分配できる」ということは、株価が暴落するという性質があるので、本来的にはなかなか成立しづらいです。そしてそういった商品に限って手数料が非常に高いので注意しましょう。

実際に私自身の母親も祖父が購入してしまった良くない投資商品を継承しています。母親としては祖父の代からお世話になっている銀行員が勧めてくれたものだからということで持っていますが、信託報酬が2％もあります。この信託報酬は、たとえば１００万円分の投資信託をお願いした場合、２％分の毎月2万円がコストとしてかかるというもの。さらに、運用で利益が出たときは、利益に対して数％の金額を取られるという契約になっていて、びっくりしたことがありました。

インデックス投資といえど株式のみに集中するのはリスク

そして**50代の場合、集中投資もやめましょう**。たまに「○○社の株に全財産をつぎ込みました」と言っている人がいますが、これがいわゆる集中投資です。このような集中投資は、その会社の決算がよくて株価が急上昇すると大きな利益があります。一方で業績が傾いてしまって株価が大暴落したら損失を被ります。どんなに大きな会社で安定した経営をしている会社であっても、ハイリスク・ハイリターンになる危険性はあります。

こういったことを聞くと、「世界の株全部に投資できるようなインデックス投資をしよう」と思う人もいるかもしれません。ただしこういったインデックス投資も、株式への集中投資にあたることを忘れてはいけません。

心が貧しくなる節約も辛い思い出が残るだけ

また、**お金を蓄えるためのプチ工夫も楽しくやるのが基本**です。節約も自分が辛い気持ちになるようなことはやめたほうがいいでしょう。

私自身も学生時代に「できるだけ冷暖房を使わないで光熱費を節約する」という方法でお金をきりつめたことがあります。冬も暖房を使わず、衣類などでできるだけ調節していました。ただ、そうなると生活自体が本当につまらなくなります。家に帰って寛ごうと思っても暑かったり、寒かったりしてちっとも気分がリラックスできません。精神的に辛いと感じるような無理な節約はやめましょう。

これは老後の資金の作り方に限ったことではありませんが、何事も無理のない範囲でやるのが、長く続けるコツといえます。

おわりに

本書では、老後資金のためにこれから資産形成を志す人、特に50代をメインの読者層として想定し、筆をとらせていただきました。老後資金の問題は、「放置しておけば勝手に解決する」というものではなく、誰もがしっかりと準備していかなければいけません。

ただ一方で、いざ資産形成に取り組みたいと思っても、義務教育で教わってきたものではなく、苦心している人も多いと思います。そして、お金の勉強では「インデックス」「ポートフォリオ」など様々な聞きなれないカタカナ言葉が飛び出すことが、より一層ハードルを上げているように感じます。

ただし、学校の授業であれば「こんな数式はいつ使うのだろうか？」「古典を学んで何になるのか？」と疑問に思い、勉強意欲が減退する人もいますが、お金の勉強は自分の生活に直結し、勉強すればするほど自分の生活を豊かにできる可能性があります。

そして、自分の意志で習得した知識が自分の生活を豊かにしたときが、「勉強が楽しい」と思える瞬間だと思います。ぜひその経験を今後皆さんに味わっていただきたいですし、その経験をするきっかけが本書であればと思います。

また本書では、投資・節約における自分の実体験や、今まで犯してきた失敗をもとに、皆さんの失敗を少しでも防げればと思っています。その中でも「投資で最大効率を求めない」という部分に関していえば、私自身が過去に最大効率を追い求めリスクを取りすぎていたため、過去の自分に聞かせたい言葉です。

特に投資では、勉強すればするほど、自分の知らなかった銘柄や投資商品を見つけることができます。その過程でいつのまにか必要以上のリスクをとることになる危険性があります。

また、ぜひ流行している投資には注意していただきたいものです。例えば2021年夏頃は、「レバナス投資」という言葉が投資界隈を賑わせました。レバナス投資とは、自分の資産にレバレッジ（テコ）をかけて、ＮＡＳＤＡＱ１００と呼ばれる米国の新興企業１００社の株価指数に連動した投資商品に投資をすることです。ＮＡＳＤＡＱ１００はそもそも指数として変動幅が大きく、さらにレバレッジをかけることによりハイリスク・ハイリターンな投資となります。

この商品が２０２１年夏頃に注目を浴びたのは、相場がたまたま非常に好調で、リスクに見合ったリターンを出していたからです。ただ翌年の２０２２年には、ＮＡＳＤＡＱ１００が大きく下落し、レバナス投資家の損失が急拡大しました。そして大きなリターンを夢見た多くの投資家が、レバナス投資のリスクを軽んじていたため、撤退していったのです。

流行している投資というのは、そのときの相場にたまたま恩恵を受けた投資手法であることが多く、そのリターンが長続きするわけではありません。だからこそ、皆さんには派手さはないものの、堅実で安定性のあるインデックス投資をして、安定した老後資金を作っていただきたいと思います。

ただ、「インデックス投信を定額購入する」という行為自体は変わらなかったとしても、「学びの歩みを止めろ」というわけではありません。そもそも、本書を手に取っていただいた皆さんは、年を重ねても新たに知識を増やそうという勉強・行動を続けている人々だと思います。私自身、資産形成の面では皆さんより先輩かもしれませんが、年を重ねても学び続けようとする皆さんの姿勢は、見習わなければいけないと感じております。

また、その学びの歩みをぜひ老後を迎えても止めず、新たな知識を増やし続けていただければと思いますし、私もそのような年の重ね方をしたいと考えています。

投資系 YouTuber ぽんちょ

参考文献

『めざせＦＩＲＥ！　知識ゼロから経済的自由を勝ち取る』（ぽんちょ著／主婦の友社）
『一般論はもういいので、私の老後のお金「答え」をください！　増補改訂版』（井戸美枝著／日経ＢＰマーケティング）
『キーワードでまるごとわかるお金の教科書』（酒井富士子著／Ｇａｋｋｅｎ）
『つみたてＮＩＳＡ＆ｉＤｅＣｏの超基本』（酒井富士子著／Ｇａｋｋｅｎ）
『いちからわかる！つみたてＮＩＳＡ＆ｉＤｅＣｏ　制度改正対応版』（山中伸枝監修／インプレス）

●著者プロフィール

ぽんちよ

投資系YouTuber。「将来のお金」に対する不安を抱くなか、資産運用を始める。また、「初心者にとって投資を始めるハードルが高い」という自身の経験をもとに、YouTubeで「投資初心者の背中を押す」というコンセプトで動画配信を開始。会社員として働きながら400本近くの動画を作成し、チャンネル登録者は30万人を越え、2022年3月に早期退職。現在は動画配信・執筆のほか、セミナー講師なども行う。

マイナビ新書

人生に必要な老後資金の常識

2023年3月31日　初版第1刷発行

著　者　ぽんちよ
発行者　角竹輝紀
発行所　株式会社マイナビ出版
〒101-0003　東京都千代田区一ツ橋2-6-3　一ツ橋ビル2F
TEL 0480-38-6872（注文専用ダイヤル）
TEL 03-3556-2731（販売部）
TEL 03-3556-2735（編集部）
E-Mail pc-books@mynavi.jp（質問用）
URL https://book.mynavi.jp/

編集　株式会社回遊舎、高橋知寿
装幀　小口翔平＋嵩あかり（tobufune）
DTP　富宗治
印刷・製本　中央精版印刷株式会社

ISBN978-4-8399-8231-7

Printed in Japan